KB060067

# 당신의 자리는 어디입니까

# 당신의 자리는 어디입니까

## 페미니즘이 계급에 대해 말할 때

벨 훅스 지음 · 이경아 옮김 · 권김현영 해제

문학동네

# 차례

일러두기

1. 본문의 각주는 모두 옮긴이 주다.
2. 단행본, 잡지는 『 』로, 논문, 기사는 「 」로, 영화, 드라마, 노래 제목은 〈 〉로 표기했다.
3. 인명, 지명 등 외래어는 국립국어원 외래어표기법을 따랐으나 일반적으로 통용되는 표기가 있을 경우 이를 참조했다.

## 초판 서문. 우리가 서 있는 자리

최근 유행하는 대화 주제는 인종이나 젠더다. 반면 계급 문제는 그리 있어 보이는 주제가 아니다. 계급 이야기만 나오면 우리는 잔뜩 긴장하고 신경이 날카로워지며 자신이 어떤 계급에 속하는지 확신할 수조차 없게 된다. 20년도 채 지나지 않아 미국은 진정 부자가 지배하는 나라가 되어버렸다. 부로 명예와 권력을 얻는 때도 있긴 했지만, 부만으로 이 나라의 가치가 결정되지는 않았다. 탐욕은 언제나 미국 자본주의의 한 축을 담당해왔지만, 불과 얼마 전부터야 우리의 생활방식 그리고 일상생활에서의 상호작용의 기준을 제시하기에 이르렀다.

과거나 지금이나 나를 포함한 수많은 미국인이 계급에 관해 생각하기를 꺼린다. 가난하고 빼앗긴 사람들의 처지를 걱정하는 부유한 진보주의자들은 어김없이 조롱을 당하고 비웃음을 산다. 사람들은 복지국가의 문제점을 모두 진보주의자 탓으로 돌린다. 타인을 돌보고 가진 것을 나누는 행위는 나약한 이상주의자의 어리석음으로 치부된다. 미국은 가난한 이들이 처한 곤경을 뒤로한 채 부를 향한 탐욕을 인정하고 묵인하는, 계급 분리 사회로 빠르게 변해가고 있다.

국가 차원에서 빈부격차가 계속되고 계급 갈등이 심화함에도 우리는 정작 계급에 대해 선뜻 대화하기를 두려워한다. 노동계급에서 풍요로운 세상으로 계급 이동을 한 나는 한 사람의 시민으로서 오랫동안 내 인생에서 계급이 어떤 의미이며, 수많은 사람이 가난에 허덕일 때 누군가는 많은 것을 누린다는 것의 의미를 어떻게 받아들여야 할지 고민하고 또 고민했다. 가난에 허덕이는 사람들 가운데 가족과 친구도 있었다. 이 나라의 대다수 여자들처럼 나도 돌봄과 나눔의 가치를 믿는다. 살아가는 데 기초적이고 필요한 자원이 충분한 세상에서 살고 싶다. 이런 믿음을 매일 실천하면서 살기란 간단하지도 단순하지도 않다.

이 책에 실린 계급에 관한 글은 계급 문제를 국가와 개인의 책임이라는 측면에서 다룬다. 내 삶에 가장 직접적으로 영향을 준 계급 문제는 물론이고, 책임 있게 행동하기 위해 애쓰고 정의를 믿으며 이 땅에 꿋꿋이 뿌리를 내리려는 수

많은 사람의 삶에 관해 이야기하고자 했다. 이 책은 노동계급으로서 계급의식을 갖게 되고 여기까지 도달한 나의 기나긴 여정이자 계급차별은 어떻게 페미니즘의 기반을 약화시켰으며 빈곤층과의 연대는 무엇인지, 부자를 어떻게 생각해야 하는지에 대한 내 생각이기도 하다. 그 외에도 소비지상주의와 부를 향한 욕망이 탐욕의 정치를 어떻게 만들어내는지에 대해서도 다루었다.

모든 인종의 여성들 그리고 흑인 남성들이 급속도로 최극빈층으로 추락하고 있다. 침묵을 깬다는 것, 그러니까 계급에 대해 이야기하고 우리가 서 있는 자리를 살펴본다는 것은 부와 풍요로움을 모두가 함께 나눌 수 있고, 정의가 개인의 삶과 공공의 삶 모두에서 실현될 수 있는 세상으로 나아가는 중요한 발걸음이다. 더 늦기 전에, 우리가 모두 자기 자리에 그대로 갇혀서 우리의 계급이나 나라의 운명을 바꾸는 일이 불가능해지기 전에, 바로 지금, 계급에 대해 말하고 우리가 어디에 서 있는지 이해해야 한다.

벨 훅스

서문

# 계급이 중요하다

이 나라에서는 어디로 눈을 돌리든 점점 벌어지는 빈부격차를 마주하게 된다. 볼일을 보러 시내를 다니다가 지나치는 노숙자들이건, 깡통을 들고 동전을 구걸하는 걸인들이건, 구조 조정이나 공장 폐쇄, 이전 등으로 직장을 잃은 중산층 가족이나 친구건, 치솟는 식비와 집값이건, 빈부격차를 실감하게 만드는 현실을 마주할 때마다 우리는 계급에 대해 생각한다. 그런데도 조직화된 계급투쟁은 보이지 않는다. 아무도 생각과 행동을 촉구하며 자본주의의 탐욕을 직접 비판하고 나서지 않는다. 비판하라, 개혁하라, 혁명하라, 외치지 않는다.

미국은 가난에 허덕이며, 장시간 힘들게 일해도 여전히 먹고살기가 빠듯한 3800만 명 이상의 국민을 국가 차원에서 책임지려 하지 않는 수동적인 국가가 되었다. 부자는 더욱 부자가 되고 가난한 사람들은 더욱 가난해진다. 어떨 때 보면 아무도 문제삼지 않는 것 같다. 안락한 삶을 구가하며 전 세계의 나머지 사람보다는 사치스럽게 살아가는 중산층 시민들은 종종 도전적인 계급차별 때문에 자신이 몰락할까 봐 두려움에 떤다. 가난한 사람들을 걱정한다고 나서다가 생필품조차 모자란 그들처럼 인생이 끝날까봐 두려워한다. 그러다보니 방어적인 태도로 변해 중산층은 물질적 풍요로만 좋은 삶을 이룰 수 있다고 확신하면서 가난한 이에게 등을 돌리고 부자들에게 해답을 구한다.

미국은 점점 계급 분리 국가로 변해가고 있다. 가난한 사람들은 제대로 된 거처나 음식, 의료 서비스를 받지 못하는 빗장 공동체Gated Community에 갇혀서 가난한 사람들끼리 살며 파괴적인 탐욕의 제물이 되었다. 지역을 불문하고 빈곤층이 사는 지역은 창을 판자로 덧대고 허름한 건물 여기저기에 총격전의 흔적이 남아 있거나 채워지지 않는 허기로 텅 빈 침묵만 남은 전쟁터처럼 변해갔다. 거주자라도 이름표를 달아야만 국유지에 세운 수용소 같은 공영주택단지에 출입할 수 있는 지역도 생겨났다. 그곳 거주자들의 이익은 아무도 지켜주지 않는다. 그들은 조만간 계급 학살의 제물로 스러져갈 것이다. 이 나라는 가난하고 궁핍한 이들이 길거리 총격전이나 당뇨, 알코올중독, 약물중독, 에이즈 혹은 기아 등으로 죽어가도록 내버려두는 수동적인 태도를 취하고 있다.

부자들도 상류층 이웃과 어울려 자신의 계급적 이익—자기 삶의 방식—을 악착같이 보호하고자 감시 카메라와 보안 인력, 경찰과 직통 연결되는 시스템을 활용해 모든 위험으로부터 안전하게 보호받으며 빗장 공동체에서 살아간다. 이런 동네에 살 법하지 않은 낯선 사람이, 즉 피부색이 다르거나 하층계급 행색을 한 사람이 여기 들어가려고 하면 금세 제지당하고 조사를 받는다. 나는 부유한 동네인 그리니치빌리지에 사는데 가게 주인들은 종종 나를 제지하며 내게 어디서 일하는지, 누구네 집 아이들을 돌봐주는지 같은 질문을 던진다. 다시 말해서 '당신은 여기 살아서는 안 돼. 여기 주민처럼 생기지 않았어'라는 메시지다. 젊은 흑인은 이곳에 속하지 않는다. 이곳 주민들 생각에 부자는 언제나 백인이다. 동네를 거닐다가 피부색이 검은 가사도우미를 만나 아직도 이민자의 억양이 남은 그들의 말투를 들을 때면 이곳이 플랜테이션 경제가 만들어낸 세상, 노예와 자유인들의 세상, 양극단으로만 이루어진 세상이라는 사실을 떠올린다.

우리 동네 주민들은 대부분 백인인데 이들은 대체로 자신이 개방적인 사고방식을 가졌다고 믿는다. 정의를 믿고 올바른 대의를 지지하는 사람이라고 생각한다. 대체로 그들은 사회적으로는 진보적이지만, 경제적으로는 보수적이다. 그들은 다문화를 인정하고 다양성을 환영하는 듯 보이나(우리 동네에는 백인 게이들과 적어도 한 명 이상의 흑인이나 아시아인, 라틴아메리카인 친구를 가진 이성애자 백인들이 가득하다), 정작 돈 문제와 계급 문제만 나오면 그들은 가진 것을 지키고자 하며 이를 영구화하고 재생산하려고 든다. 그들은 더 많은 것을 원한다. 아무것도 없는 사람이 이렇게나 많은데 자신들이 많이 가졌다는 사실에 도덕적 번민을 느끼지도 않는다. 왜냐하면 그들은 자신이 선택받았고 특별하며 이렇게 될 자격이 있음을 보여주는 표식이 바로 그 재산과 운이라고 여기기 때문이다. 모두가 자신처럼 살 수는 없다는 사실을 확인해야 자신이 성공한 인생이며 행복하다는 생각이 더 강화된다. 그들은 죄책감을 느끼는 열성적인 진보주의자에게 코웃음을 친다. 겸손은 이제 옛말이다. "가졌으면 자랑하라." 풍요로운 현대 사회에서는 이래야 한다.

유서 깊은 소규모 가족 사업체가 높은 임대료 때문에 문을 닫았지만 다른 고가의 선물가게나 미용실이 여전히 영업중이라면 그들은 유감스럽긴 해도 이것이 경제 발전에 따르는 대가라고 여긴다. 부동산 가격은 끊임없이 오르는 법 아니겠는가. 그들은 웨스트빌리지가 살기 위해 몸부림치는 화가나 음악가, 시인 들의 보금자리였으며 성적으로 자유롭고 관습을 거스르는 사람들의 성소이자 저항의 장소였다는 걸 기억하지 못한다. 그들은 우리 흑인 여성들의 계급이 뭐든 간에 백인이 흑인 여성을 창녀 같은 불길한 소식처럼 여겼기 때문에 흑인 여성이 이곳에서 방이나 아파트를 빌릴 수 없던 시절이 있었음을 기억하지 못한다. 요즘 우리 흑인 여성들은 집을 청소하고 아이를 돌보러 오는 한에서 큰 집의 열쇠를 쥘 수 있다. 이웃들은 내게 다양성의 부재는 인종차별과 아무 상관이 없으며 계급 문제일 뿐이라고 말한다.

그들은 빌 코스비의 익살을 보고 웃거나 콜린 파월에게 경의를 표하거나 윌 스미스를 따라 하거나 브랜디와 휘트니 휴스턴의 음악에 맞춰 춤을 추거나 마이클 조던에게 환호하면서도 흑인은 가난뱅이라고 진심으로 믿는다. 부유한 흑인이 자기네 동네로 이사라도 오면 계급은 그리 중요하지 않은 문제가 된다. 그 흑인에게는 분명 가난한 친척들이 있을 테고 그 친척들이 동네를 찾을 것이기 때문이다. 흑인이 택시를 잡으려고 하면 그냥 지나치는 택시운전사와 마찬가지다. 그들은 언제나 흑인을 안전하지 않은 브루클린으로 가는 사람으로 여긴다. 그들은 흑인을 한꺼번에 도매금으로 넘긴다. 부유한 흑인이 이사를 오면 가난한 흑인들도 멀리 있지 않다고 짐작한다.

미국에서 계급에 대해 가장 많이 생각하는 부류는 부유한 흑인일 것이다. 이들은 자신이 아무리 비싼 정장과 맞춤

셔츠를 입고 롤렉스 시계를 차고 가죽 서류가방을 들고 다녀도 주변 백인들은 대부분 흑인이 가난하다고 생각한다는 걸 잘 안다. 백인의 의식 속에서 가난은 언제나 흑인의 몫이다. 교외나 시골에 가보면 가난한 백인도 많지만, 그들은 투명인간이나 다름이 없다. 그러나 가난한 흑인은 어디에나 있다. 적어도 그렇게 생각하는 백인이 많다.

한번은 우리 동네 근처의 고급 백화점 바니스에서 쇼핑중이었는데 잘 차려입은 백인 여자가 나를 보더니 제일 먼저 눈에 띈 점원에게 도움을 구하듯 내게 도와달라고 말했다. 나는 그때 코트를 입고 핸드백을 메고 나와 비슷하게 차려입은 친구와 대화중이었는데 말이다. 그 여자는 나를 도대체 누구라고, 무엇이라고 생각했을까. 그 여자는 누구에게 계급 권력이 있는지, 누가 그 백화점에서 쇼핑할 권리가 있는지 잘 안다고 믿었던 것이 분명하다. 가난한 사람과 노동계급의 외모는 언제나 자신과는 다르다고 말이다. 그녀와 나는 옷차림이 비슷했지만, 그녀는 내 복장을 무시하고 가난한 사람이라고 배운 얼굴만 주시한 채 나를 분명 자신과 다른 사람이라고 생각했다.

우리 동네에서는 모든 사람이 가난의 얼굴은 검은색이라 믿는다. 백인은 녹아들지만, 흑인은 도드라진다. 같은 노숙인이라도 흑인 남성은 돈을 구걸하기 위해 사람들을 웃기거나 노래를 부르거나 농담을 하거나 친절한 말을 건

네 관심을 끌려 한다. 그런데 백인 노숙인 남성은 대체로 주류에게 도움을 청할 때면 혼잣말을 하거나, 가만히 앉아 있거나, 자신의 곤궁한 처지를 마분지에 적어서 목에 걸고 흑인 노숙자들과 떨어져서 홀로 있는 식이다. 하루가 끝날 즈음이면 흑인과 백인 노숙인은 나란히 앉아서 그날 벌어들인 돈을 모아서 술을 나눠 마시고 빵을 나눠 먹는다. 하루가 끝날 즈음이면 그들이 사는 세상에서 인종과 계급은 더는 큰 의미가 없다.

나치 세력이 점점 강해지고 있으며 가진 자든 아니든 애국자들의 집에는 성조기가 펄럭이는 보수적 성향의 오하이오주에 위치한 진보적인 작은 마을에 나의 또다른 집이 있다. 여러 인종이 모인 지역으로 진보적인 역사를 자랑하는 도시이며 타인을 보살피고 가진 것을 나누는 인정이 여전한 곳이다. 그런데 주로 북부 도시와 서부 해안의 주에서 고학력의 전문적인 관리직 계급 사람들이 유입되면서 이곳에도 인종 분리가 스며들었으며 부동산 가격도 올랐다. 그래도 아직 이 작은 도시는 미국 내 다른 지역보다는 계급이 더 다양하고 인종적 다양성도 보유하고 있다. 여느 지역처럼 이곳에도 인종차별과 성차별이 존재한다. 변화하는 계급 현실은 불안을 일으키며 어떤 경우에는 개인의 삶을 돌이킬 수 없을 정도로 바꿔놓기도 한다. 이러한 현상은 위협적인 정치적 변화이다. 다른 중서부 지역처럼 공장은 문을 닫고, 작은 대학들과 지역 대학들이 인력을 감축하고, 정규직이 '사라지고' 비정규직이 급속도로 국가 표준이 되어간다. 계급 문제를 시급하게 논의해야 하지만 아무도 선뜻 입을 열지 않는다.

미국에서 사람들이 계급에 관해 이야기하는 상황에 가장 근접한 경우가 바로 돈에 관해 이야기할 때다. 사람들은 오래전부터 미국이 계급 없는 사회라고 믿었다. 열심히 노력하면 누구라도 정상에 설 수 있다고 말이다. 그런데 계급 없는 사회에서 정상이 존재할 수 있는지 생각해본 사람이 과연 얼마나 될까. 사람들 사이에 빈부격차가 존재한다는 사실은 언제나 명약관화했지만, 계급 차이와 계급차별은 거의 드러나지 않았다. 아니, 그런 것이 존재한다고 인정조차 하지 않았다. 인종차별과 그 훨씬 뒤에 등장한 성차별의 문제점은 계급차별의 문제점보다 훨씬 잘 드러나기 때문에 도전하기도 더 쉽다. 우리는 가난하면 공개적으로 목소리를 내지 못하는 사회에 살고 있다. 그렇기에 많은 시민들이 계급을 조직하는 데, 계급을 인식하는 데 그렇게 오래 걸린 것이다.

인종적 연대, 특히 백인의 연대는 역사적으로 항상 계급을 애매하게 만드는데, 가난한 백인이 백인 특권을 가진 세상의 이득과 자신의 이득이 같다고 여기게 만드는 데 이것이 이용되었다. 같은 맥락으로 가난한 흑인은 계급이 아니라 인종이 문제라는 얘기를 늘 들어왔다. 하지만 이제 흑인과 백인 빈곤층은 그렇지 않다는 사실을 잘 안다. 그들은 더이상 맹목적으로 인종 문제를 인지하고 연대하라는 호소에 쉽게 넘어가지 않는다. 하지만 아직도 이런 변화가 무엇을 의미하는지, 자신들이 어디에 서 있는지는 확신하지 못한다.

지금은 가난하지 않지만 일자리를 잃으면 당장 내일이라도 빈곤층으로 전락할 사람들 역시 자신이 어디에 서 있는지 잘 모른다. 그들도 계급 문제가 얼마나 중요한지 인정하기 두려워한다. 가난한 사람이 너무 많이 생각을 할까봐 이들에게는 약물중독을 심고, 노동계급에게는 쇼핑중독을 심었다. 소비문화는 노동계급과 중산층의 입을 막아버린다. 그들은 물건을 사거나 뭘 살지 고민하느라 바쁘다. 간신히 지탱되던 경제적 자립이 서서히 무너지는 와중에도 그들은 누구나 정상에 오를 수 있는 계급 없는 사회라는 환상에 매달려 있다. 높은 교육비와 집값, 의료비 등으로 재산이 줄어드는 현실을 직시하기가 두려운 것이다. 겁이 나서 계급에 대해 너무 깊이 생각하지 못하는 것이다.

결국에는 계급 전쟁에 대한, 계급투쟁에 대한 위협이 너무 두려워서 제대로 바라보지도 못한다. 백인과 흑인 혹은 남자와 여자라는 안전한 이분법적 사고방식은 계급 문제에서 통하지 않는다. 자신의 적을 어떻게 식별할 것인가. 그들이 누구를 두려워하고 누구에 맞서야 할지 어떻게 알아낼 것인가. 그들은 전 세계 노동자의 얼굴이 바뀌는 것도 알아채지 못한다. 다국적 백인우월주의자와 가부장적인 자본주의자가 쥐꼬리만한 돈을 쥐여주고 국내외에서 험한 일을 시키기 위해 착취하는 아이들과 여자들의 얼굴을 보지 못한다. 그들은 이곳에서 육가공 공장 노동자로, 의류 공장 노동자로, 농부로, 요리사와 웨이터로, 보모와 가정부로 일하는 이민자들의 말을 쓰지 않는다. 보수적인 부자들이 매일같이 언론을 통해 이민자들은 위험하다고, 복지 정책은 해롭다고 떠들지만 정작 노동계급과 중산층은 누가 정말 가난으로 돈을 버는지, 그 돈은 다 어디로 가는 건지 의문을 품을 것이다. 그들이 좋건 싫건 언젠가는 현실을 똑바로 직시해야 할 날이 올 것이다. 이 사회는 결코 계급 없는 사회가 아니라는 현실을 말이다.

나도 계급에 대해서 생각하거나 글을 쓰기 두려울 때가 많다. 나는 대학에서 마르크스나 파농, 그람시, 메미의 저서와 사회사상서 등을 읽고 미국 좌파의 정치학을 배우면서 계급에 대해 처음 눈을 뜨고 각성하게 되었다. 학업을 마쳤을 무렵에도 여전히 내 언어가 적합하지 않다고 생각했다. 여전히 인종과 젠더를 관련지어 계급을 이해하기가 어려웠다. 지금도 이 사회의 좌파 지식인은 적절한 '그들만의 용어'를 쓰지 않는 사람을 무시한다. 계급을 논하는 학계와 지식인의 담론은 여전히 대부분 백인, 그중에서도 남성의 영역이다. 몇몇 여성이 자기 목소리를 내지만 남자들은 대개 귀담아듣지 않는다. 급진적인 좌파 성향의 남자들조차 혁명적 페미니즘의 좌파 정치학을 제대로 인정하지 않는다. 그들에게는 계급이 유일한 쟁점이다. 한편 혁명적 페미니즘에서는 계급 분석도 중요하지만 인종과 젠더 분석도 똑같이 중요하다.

계급은 중요하다. 인종과 젠더는 계급 정치학이 폭로하는 가혹한 현실에서 관심을 돌리기 위한 미끼로 이용될 수도 있다. 분명한 것은, 우리가 계급에 관심을 기울여야 할 때, 인종과 젠더로써 계급을 새로운 관점으로 이해하고 설명해야 할 때조차도 우리 사회는, 심지어 우리 정부는 인종과 인종차별에 관해 이야기하자고 한다. 계급 이야기를 끝내지 않고는 인종차별 문제를 심도 있게 논의할 수 없다. 제발 속지 말자. O. J. 심슨 재판과 같은 구경거리에 이끌려 언론에 휘둘리는 짓은 그만하자. 언론은 언제나 인종 평등이라는 대의를 저버렸고 매사를 인종이나 젠더 문제로만 생각하도록 유도했다. 그 사건을 둘러싼 소동은 무엇보다도 계급에 관한 문제였으며 인종, 젠더, 계급이 뒤엉킨 문제였음을 이제 인정하자. O. J. 심슨이 가난하거나 하층계급이었다면 그 사건에 관심을 가졌을 언론은 어디에도 없다는 현실을 인정하자. 정의는 결코 핵심 이슈가 아니었다. 부자들의 삶을 캐내려는 미국 황색언론의 열정이 계급을 출발점으로 삼았다. 모든 건 돈 때문이었고 더 많이 벌기 위한 언론 쇼로 이어졌다. 부자가 더 부자가 된 또하나의 예였다. 심슨 재판은 GNP를 2억 달러나 증가시켰다. 인종차별과 성차별은 계급 권력의 이익을 위해 이용될 수 있다. 그러나 누구도 계급에 대해 말하려 하지 않는다. 섹시하지도 귀엽지도 않기 때문이다. 정의는 계급에 구애받지 않는 척하는 편이 더 낫다. 심슨에게 일어난 사건은 노동계급 누구에게나 일어날 수 있다는 식으로 말이다.

흑인들이 계급을 논하기는 늘 어려웠다. 계급 차이를 인정하면 인종차별이 우리 삶에 동등한 방식으로 영향을 미친다는 인식이 흔들린다. 그러면 흑인들의 인종 연대라는 환상도 깨질 수 있다. 계급 권력을 가진 개인이 이면에서 인종을 초월해서까지 자신들의 계급적 이익을 보호하려고 이용하는 그 환상 말이다. 윌리엄 줄리어스 윌슨이 『인종의 중요성 감소*Declining Significance of Race*』를 처음 출간했을 때 독자들은 제목 때문에 화를 냈는데, 특히 흑인이 그랬다. 저자는 간혹 진보주의적 관점을 보이기도 하나 주로 보수적인 관점으로 미국에서는 빠른 속도로 인종만큼 혹은 그 이상으로 계급 문제도 중요해졌다고 예언이라도 하듯 주장했지만, 정작 독자는 책을 읽지도 않고 그가 인종이 중요하지 않다고 주장한다고 지레짐작해버렸다.

남자들이 인종과 젠더, 계급의 문제를 복합적으로 이야

기하기 훨씬 오래전부터 페미니즘 이론가들은 이 세 요소가 맞물린 체제가 압도적으로 중요함을 꿰뚫어보았다. 하지만 언론이 이끄는 주류문화는 이 세 요소를 동등하게 다루는 급진적인 정치담론에는 관심이 없다. 계급은 항상 인종과 분리해야 한다고 여기기 때문이다. 그래서 인종과 젠더를 종종 연결짓더라도 이 세 요소를 접목해 미국이 어떻게 조직되며 계급 정치의 실체가 무엇인지 규명하려는 집단적이고 공론화된 담론은 부족하다. 인종을 막론하고 모든 여자와 흑인이 빠른 속도로 가난하고 혜택을 박탈당한 계급으로 유입중이다. 계급 문제를 직시하고 더 많이 의식화되고 더 많이 깨달아, 경제적 정의를 위해 어떻게 하면 제대로 투쟁할지 찾아내는 게 우리의 관심사이다.

나는 노동계급에서 특권을 지닌 계급으로 이동한 내 개인적인 여정을 찬찬히 살펴보고, 계급에 대해 더 많이 각성하기 위해 이 책을 썼다. 이 책에서는 계급과 노동 문제로 이야기를 시작하는 방식이 유용했다. 다른 책에서는 대체로 젠더나 인종 문제로 말문을 열었지만 말이다. 이 시점에 계급 문제를 다루는 이유는, 계급차별을 타파하려는 노력을 기울이지 않고 빈부격차를 해소하지 않으면 머지않아 미국 사회가 계급투쟁의 장으로 변하리라 믿기 때문이다. 계급 충돌은 이미 인종과 젠더의 측면을 띠게 되었다. 이미 많은 분리와 이탈을 불러일으켰다. 이 나라의 시민들이 계급 없는 사회에서 살고 싶다면 우선 공정한 경제체제부터 만들어야 한다. 변화를 만들어내고 싶다면 우리가 어디에서 있는지부터 알아야 한다.

1장

# 개인을 정치적으로 만들기: 가족 안에서의 계급

좁은 공간에서 식구들과 복닥거리며 산 사람은 늘 자기 공간을 가졌던 사람과 소유권이나 사생활에 대한 개념이 상당히 다르다. 우리집에서는 식구들이 방을 함께 사용했다. 우리 가족의 첫번째 집은 방 세 개짜리 셋집이었다. 외진 곳에 위치한 콘크리트 건물이었는데, 원래는 석유 탐사를 하는 인부들이 묵는 임시 주택이었다. 그 집에는 창문이 거의 없었다. 마치 동굴처럼 어둡고 서늘한 집이라 거주자의 추억이랄까 역사 같은 것이 아예 존재하지 않았다. 우리 가족도 거기에 흔적은 남기지 않았다. 세 아이를 키우는 부부의 소소한 일상 그리고 첫 집을 가꾸어가는 과정에서 겪은 이런저런 이야기를 남기기에 콘크리트는 너무 견고했다. 작은 언덕 위에 자리한 집 주변에는 야생 인

동덩굴과 검은 딸기 덤불 등 야생 식물이 지천으로 널려 있었다. 울창한 수풀 뒤로는 담요를 편 것처럼 경작지가 끝도 없이 이어졌다. 평온하고 아름다운 그곳의 모습과 풀이 몽땅 베어지고 온갖 시멘트 잡동사니가 널린 삭막한 우리집 주변은 대조를 이루었다.

고독과 두려움이 집을 포위했다. 안식처가 아닌 요새였던 집은 새신랑이자 갓 아버지가 된 한 남자가 자신만의 가부장적인 제국을, 단단하고 완전하며 차가운 제국을 세우기에 안성맞춤이었다. 집이라는 건물을 놓고 보자면, 무엇보다 차가운 콘크리트 바닥 때문에 이 집이 잊히지 않는다. 바닥이 어찌나 차가운지 마치 뭔가 뜨거운 것이 맨살에 닿았을 때처럼 움찔하면서 발을 잽싸게 뗄 정도였다. 거실과 부엌 사이에 식탁을 둬도 괜찮을 맞춤한 공간에 우리 삼 남매의 이층 침대가 놓였다. 그래서 우리는 항상 조심해야 했다. 침대에 떨어졌다간 머리통이 깨질 수 있었고 그러다가 콘크리트 바닥처럼 차갑게 몸이 식은 채 의식을 잃을 수도 있었다. 나는 딱 한 번 침대에서 떨어져봤는데 그 일은 내게 깊은 흔적을 남겼다. 그 집을 떠난 지 오랜 세월이 흘렀음에도 지워지지 않는 기억을 말이다.

그 집에는 없는 것이 많았다. 무엇보다 욕조가 없었다. 언제나 물을 데워서 커다란 주석 물통으로 가져가 채워야 했다. 그나마 물통이 부엌에 있어서 물을 데우고 물통에 물을 채우고 씻는 시간이 덜 걸렸다. 이런 집에서 사생활은 꿈도 꿀 수 없었다. 물은 귀하고 소중해서 아껴 써야 하니 낭비하면 안 됐다. 어쨌든 어른들은 항상 그렇게 말씀했다. 이런 식의 교훈이 수도료가 비싸다는, 아이들이 물을 펑펑 쓰면 그만큼 지출도 커진다는 숨은 사실보다 더 그럴싸했다. 아직 어렸기 때문에 우리는 돈에 대해서도 물이 자원이라는 사실도 몰랐다. 생태학에 어두웠기에 우리는 물을 마법처럼 생각했다. 물은 언제나 소중했다. 그러니 당연히 아끼고 소중히 다루어야 할밖에. 여름이면 홀딱 벗고 플라스틱 수영장에서 물장구를 치거나 호스로 물장난을 하고 싶어도 우리는 철이 일찍 들었다. 수도를 잠그지 않는 일은 낭비였다. 물은 절대로 낭비하면 안 되었다.

앞에서도 말했다시피 우리집은 돌과 시멘트로 지은 콘크리트 건물이라 여름에는 시원했으나 겨울에는 추워서 그것만으로도 무척 가혹한 환경이었다. 우리는 이 집에 추억을 만들어주려고 했지만 집이 이를 거부했다. 절대 품을 파고들 수 없는 콘크리트 집은 우리 이야기를 필요로 하지 않았다. 새로운 주택단지가 건설돼 집이 헐리게 되어 우리가 이사를 나갈 즈음 이 집은 결국 우리가 살기 전보다 훨씬 더 황량하고 삭막한 곳으로 변해 있었다.

우리집은 항상 돈이 부족했다. 어린아이였던 우리는 그 사실을 전혀 몰랐다. 엄마는 1950년대의 평범한 젊은 어머니로, 그에게 모성이란 잡지와 텔레비전 광고에서 배운 것이 다였다. 어머니가 배운 바에 따르면 아이들은 어른의 일을, 더 정확히는 걱정거리를 알 필요가 없었다. 부부는 아이들 앞에서는 언성을 높이거나 말다툼을 하면 안 됐다. 아이들이 잠들 때까지 기다렸다가 침실에서 목소리를 잔뜩 낮춘 채 온갖 비밀을 나누어야 했다.

우리 어머니가 당신을 가난하다거나 노동계급이라고 생각하신 적이 있기나 할까 싶다. 어머니는 아버지와 결혼했을 때 이미 두 딸이 딸린 십대 이혼녀였다. 당시 언니들은 생부와 함께 살다가 주말이면 우리를 만나러 왔다. 아버지는 아마도 어머니를 임신시켰기 때문에 어머니와 결혼했을 것이다. 아버지는 노총각에 외아들로 평생 부모 집에 머물며 그곳을 안전지대삼아 방랑하며 영원한 소년으로 살 수 있었던 마마보이이기도 했다. 아버지는 그런 인생 대신 자신보다 열 살이나 어린, 젊고 열정적이고 아름다운 여자의 유혹과 동경에 발목이 잡혀버렸다. 아버지는 누군가에게 매인 몸이 되고 싶다고 확신하지 못해도, 더는 방랑할 수 없어도 어머니를 원했을 것이다.

어머니는 멋진 자기 자매들과 잘생긴 남편과 마찬가지로 즐거움과 자유를 사랑했다. 어머니도 방랑을 동경했다. 하지만 소꿉놀이도 좋아했다. 어머니에게 그 콘크리트 집은 마음 깊은 곳에 자리잡은 갈망이 결국 이루어진 결과물이었다. 어머니는 마침내 진정으로 외할머니 집을 떠났다. 다시는 돌아가지 않을 작정이었다. 다시 돌아갈 일도, 눈물도, 후회도 없었다. 두번째 결혼생활이 시작된 것이다. 그곳은 어머니가 구원받을 곳이었다. 꿈을 다시 일깨워줄 사랑을 얻을 두번째 기회였다. 호기심어린 세상의 눈초리를 피해 콘크리트 건물에서 시작된 새 삶을 사랑한 건 어머니뿐이었다. 주위가 온통 황량해 고독해도 어머니는 어떻게든 자신의 가정을, 자신의 온 세상을 지키겠다고 생각하며 오히려 마음을 놓았다. 어머니는 언덕 위의 집에 아이들과 함께 갇힌 꼴이었다. 노동자였던 아버지는 아침 일찍 집을 나가 밤늦게 돌아왔다. 아버지의 방랑은 끝나지 않았다. 아내와 아이 때문에 그 정도를 조절했을 뿐이었다. 운전도 못하고, 수다를 떨 이웃도 없고, 쓸 돈도 없었던 어머니는 자유로운 영혼의 소유자였지만 금세 길들 운명이기도 했다. 어머니의 영혼은 길들여지고 파괴되었다.

가난한 노동계급이라는 사실은 콘크리트 집에서는 별 이야깃거리도 아니었다. 계급이 무엇인지 이해하기에, 나고 자란 집과 가족을 떠나 신분 상승을 이루겠다는 어머니의 소망을 공유하기에 우리는 너무 어렸다. 제대로 교육도 못 받고 제대로 된 배경도 없는 소녀가 지위를 바꿀 길은 결혼뿐이었다. 존중받을 만한 아내가 되는 것 말이다. 어머니는 경제적 지위를 바꾸기를, 외할머니의 압제와 전횡이 지배하는 '집 너머'로 탈출함으로써 그에 따르는 부수적인 이점을 누리는 세계로 진입하기를 바랐다. 세간의 인식상 사회보장카드도 없이 옛날 방식을 고수하며, 텔레비전보다 라디오를 더 좋아하는 외할머니 집에 사는 사람들은 괴짜 가난뱅이였다.

아버지가 외할머니를 달가워하지 않는다는 사실을 우리는 어렸을 때부터 이미 알았다. 아버지는 외할머니가 외할아버지를 쥐고 살 뿐만 아니라 딸들에게도 그런 방식을 가르쳤다고 생각했다. 그래서 결혼하기 전에 어머니에게 한 집의 가장이 누구인지 확실하게 해두었다. 앞으로 꾸릴 가정이 자신의 것이라고 말이다.

어머니가 자란 집은 이층짜리 목조건물이었는데, 외할머니인 바바가 내키는 대로 방을 증축해 형편없는 모습이었다. 우리가 태어날 당시 이미 쪼글쪼글한 할머니였던 바바는 남편, 그러니까 우리가 너무나 사랑했던 외할아버지 대디 거스와 함께 그 집에 살고 계셨다. 외할아버지는 외할머니와 비슷한 점이 하나도 없었다. 신을 두려워하고 말수가 없고 법을 잘 지킬 뿐만 아니라 언성을 높이거나 폭력을 행사하지도 않았던 외할아버지는 우리집에서 호인 중의 호인이셨다. 바바는 사랑스러운 악마이자 타락한 천사였다. 외할머니의 말씀은 곧 법이었다. 신랄한 말투와 불같은 성미, 인정사정없는 수완으로 모든 것을 당신 뜻대로 밀어붙였다.

우리가 살던 콘크리트 집과 달리 브로드 스트리트 1200번지에 위치한 외갓집에는 매혹적인 추억이 오롯이 깃들어 있었다. 그곳에서 변화는 필요하지도 않았고 그럴 필요도 없었다. 옛날의 생활방식과 존재방식만이 그 집에서 지키고 희생할 가치가 있는 유일한 방식이었다. 외할머니 집에서는 스크래치가 나 있는, 돈을 주지 않고 구한 물건일수록 더 가치 있게 대접받았다. 그곳은 자급자족이 생활화된 집이었다. 땅은 채소와 꽃을 기르고 낚시 미끼로 사용할 벌레를 키우는 곳이었다. 뒷마당에 놓인 불법 닭장에서는 닭들이 신선한 달걀을 낳았다. 집에서 키운 포도로 포도주를 담그고 과일로 잼을 만들었다. 버터도 집에서 만들었다. 비누도 양잿물로 만들어 독특하게 생긴 덩어리를 사용했다. 게다가 담배도 직접 키워서 잎을 따고 건조하여 말아서 피웠는데, 그 잎을 꼬아서 리스 모양으로 만들어 나방을 쫓는 데 쓰기도 했다.

무슨 물건이든 쓰임새가 있기에 외갓집에서는 그 무엇도 함부로 버리지 않았다. 물건과 추억으로 가득한 그 집이 실제로는 사회보장번호와 일정한 직업이 없는 어른들의 집이라는 것을 아이인 우리가 알 턱이 없었다. 식구들은 모두 늘 바빴다. 게으름과 자급자족은 결코 공존할 수 없었다. 외갓집은 방마다 추억으로 가득했다. 어떤 물건이건 오래

전부터 이 세상을 살았던 사람들, 무언가를 기억하는 사람들이 들려줄 만한 이야기보따리가 담겨 있었다.

외할머니 바바는 아주 사소한 일에도 불같이 화를 내곤 했다. 예를 들어 아이가 허락도 없이 물건을 만지거나 어른이 주기도 전에 먼저 달라고 얘기하면 큰일이 났다. 그 집에서는 인사 예절조차도 모든 것이 의례와 같았다. 요즘 사람들처럼 편하게 인사하는 일은 어림도 없었다. 기억하는 모든 예절을 의식적으로 존경심을 갖고 지켜야 했다. 예를 들면, 어른이 먼저 말씀해야 했다. 아이들은 어른의 말씀을 듣되 먼저 말해서는 안 되었다. 말을 하려면 허락부터 받아야 했다. 아이가 버릇없이 굴 때면 따끔하게 벌을 주어 예의를 가르치곤 했다.

외갓집에 잠시 가든 며칠 머무르든 모험을 하는 것 같았다. 그곳에는 볼 것도 할 것도 많았으니 당연히 그만큼 혼날 일도 많았다. 외갓집에서는 모두가 제멋대로 살았다. 외가 식구들은 자기들만의 규칙을, 자기들만의 투박한 정의를 만들어냈다. 이는 그들만의 정의이기도 했다. 거주자들의 일상적인 습관만큼이나 집 자체도 그 구조가 참으로 독특했다. 내가 아직 소녀였을 때, 외갓집에는 외할머니 바바와 외할아버지 대디 거스, 마거릿 이모(독신으로 자식도 없었다), 보(돌아가신 이모의 아들) 이렇게 네 식구가 살았다. 각자 자기 방이 있었는데 방 주인의 개성과 존재감이 방마다 뚜렷하게 새겨져 있었다.

집 뒤쪽에 증축한 보의 방은 그만의 작은 공간이었다. 바바의 방은 집 한가운데를 떡하니 차지한 널찍한 공간이었다. 그곳은 외할머니의 소중한 보물 창고이기도 했다. 우리는 이 방을 절대 탐험할 수 없었다. 주인 말고는 모두 접근 금지였기 때문이다. 대디 거스는 아담한 싱글침대를 놓은 작은 방에서 기거했다. 매트리스에 누우면 천장에서 바닥까지 이어진 창문으로 밖을 내다볼 수 있던 이 방에는 어디선가 주워온 보물이 가득했다. 이 방을 아무나 들어갈 수 있었기에 자연히 아이들은 외할아버지가 이번에는 또 어떤 물건을 가져와 분실물 취급소 목록을 추가했는지 보고 싶어 안달했다. 마거릿 이모는 천장이 비스듬한 이층 방에서 지냈다. 이모의 침대는 폭신폭신했는데, 깃털을 넣은 매트리스가 높게 쌓여 있었다. 이모는 소녀 시절처럼 어른이 된 후에도 자신의 보물을 아무렇게나 던져놓았다. 침대가 단정하게 정리된 모습을 거의 본 적이 없을 정도였다. 이모는 이런 난장판을 좋아했다. 반쯤 찬 잔이며 읽다 만 편지, 10년도 넘게 같은 페이지가 펼쳐져 있던 책이 눈만 돌리면 여기저기에 보였다.

외갓집에서 지내는 동안 나는 언제나 오래된 것이 새것보다 더 좋다는 교훈을 얻었다. 어딘가에서 찾아낸 물건이 사방에 널려 있었다. 어떤 것은 쓸모가 있고, 어떤 것은 순전히 장식용이었다. 물건마다 각각 사연이 있었다. 그 사연 하나하나를 듣는 것만큼 재미있는 일도 없었다. 그 물건이 어떻게 이 집까지 오게 됐는지 구구절절한 사연을 말이다. 퀼트를 만들었던 바바는 옷에 얽힌 온갖 이야기를 다른 어떤 이야기보다 잘 들려주셨다. 딸들의 면 원피스로 만든 퀼트 이야기나 대디 거스의 양복으로 만든 퀼트 이야기 같은 것들이었다. 오래된 사진에서 보았던 원피스를 집안 어딘가에 놓인 트렁크에서 마법처럼 찾아낸 적도 있었다. 그런 물건에 대해서 두 가지 방식으로 그리고 두 가지 관점으로 보고 들었다.

바바는 읽을 줄도 쓸 줄도 몰랐다. 이야기를 듣고 입으로 옮기는 과정에서 바바는 온갖 지식을 얻었다. 이 집에서 대화는 쓸데없이 잡담이나 나누는 시간이 아니었다. 그곳에서는 무슨 일이든 배울 만한 교훈을 찾을 수 있었다. 그야말로 인식론의 집합소랄까. 집안 어디서든 식구들은 애정과 열정을 담아 대화를 나누고, 설명을 하고, 묘사를 더해 이야기를 들려주었다. 집안 어디서든 아이들은 얌전히 입을 다물고 있으면 어른들에게 이야기를 들을 수 있었다. 우리는 어른들의 대화에 우리가 낄 자리가 없음을 일찍 배웠다.

나는 다른 어른보다도 바바에게 미학을 배웠다. 사물을 제대로 보는 법을, 다시 말해 사물에 내재된 아름다움을 찾는 법을 바바에게 배웠다. 그것이 외갓집의 규칙이었다. 모든 사물은 고유의 아름다움을 지닌다. 사물을 깊숙이 들여다보면 아름다움이 보이고 이야기가 들린다. 대디 거스는 내게 사물이 저마다 말을 한다고 알려주셨다. 제대로 들으면 그 말소리가 들린다고 했다. 그분들은 집이야말로 이야기가 끝없이 채워진 공간이라 믿었다. 그 이야기가 두 팔처럼 추억을 끌어안고 살아갔다. 우리는 그 추억 속에서만 살아갈 수 있다. 무언가를 함께 기억한다는 것은 최고의 교감이다.

삶과의 교감은 땅과의 교감으로 시작된다. 그리고 이 사람들, 즉 내 친족들은 땅의 사람이었다. 이들은 살기 위해 뭔가를 키웠다. 앞마당에는 허브와 화초를 키웠다. 참제비고깔, 튤립과 금잔화 등 이름도 다 기억할 수 없는 식물이 마당에서 자랐다. 바바를 따라 정원을 걸을 때나, 굵은 밧줄과 판자로 가장 키 큰 나무에 만들어둔 그네를 탄 나를 바바가 밀어줄 때면 찬란한 빛깔의 아름다운 꽃이 내 오감을 사로잡았다. 나무에도 이야기가 있었다. 나무를 타고 오른 일이며 밧줄에 매달리거나 나무에서 떨어질 뻔한 일 같은 이야기 말이다.

뒷마당은 텃밭이었다. 텃밭에 심은 채소를 싸그리 먹어치우는 새를 쫓으려고 허수아비도 세웠다. 나는 채소를 밟지 않으면서 밭고랑 사이를 걸어다니는 법부터 배웠다. 생명력이 사방에, 발밑에서도 머리 위에서도 꿈틀거렸다. 생명의 유혹이 곳곳에 어디든 숨어 있었다. 낚시 미끼로 쓸 벌레를 처음으로 땅에서 파낸 날, 지저분하고 축축한 벌레가 내 손바닥에서 꿈틀거리자 나는 우리를 유혹하고 흥분시키는 생명이 땅 위에도, 땅속에도 언제나 삶에 함께함을 깨달았다. 달걀을 품은 암탉은 언제나 신비로운 대상이었다. 우리는 쪼그리고 앉은 암탉을 보고 깔깔거렸다. 닭들이 꼬꼬댁할 때도 웃음을 터트렸다. 닭장에 가서 달걀을 가져오는 심부름을 할 때면 가슴이 두근대곤 했다. 달걀을 살며시 쥐어야 하며, 횃대에 앉은 암탉들을 놀래지 않도록 잘 달랠 줄도 알아야 했다.

세상 모두가 인종에 관해서는 이야기했지만, 계급에 대해서는 아무 말도 하지 않았다. 우리 어머니가 오지에 위치한 집과 오래된 생활방식에서 벗어나 새로운 것을 접하고 가게에서 물건을 사서 쓰면서 살 궁리를 하며 십대 시절을 보냈다는 걸 알면서도 아무도 계급에 대해 이야기하지 않았다. 브로드 스트리트 1200번지에 사는 사람들은 아무도 '진짜' 직업이 없으며, 진짜 돈을 버는 사람도 아무도 없음을 누구도 지적하지 않았다. 이들의 생활방식이 '대안적'이라거나 유토피아적이라고 말하는 이는 아무도 없었다. 1960년대였는데도 이들을 히피라고 부르는 사람도 없었다. 그저 옛 방식을 최우선시하는 세상일 뿐이었다. 이곳은 남부의 인종 분리 구역에서 땅을 일구며 사는 가난한 흑인 가족의 세상이자 전근대적 세상일 뿐이었다. 바바는 바깥세상 사람들이 인종이나 계급 혹은 가난에 대해 뭐라고 말하든 신경쓰지 않고 자기 세상의 규칙을 직접 만들었다. 이 집의 첫번째 규칙은 모두 스스로 생각하고 내면의 소리에 귀기울여 그 목소리를 따라야 한다는 것이었다. 신은 그래서 있다고 바바는 말씀하셨다. 신은 법 위의 존재였다.

제정신이 박힌 흑인이 자기 인생을 꼭 붙들고 지켜내려면, 법과 인간이 만든 관례 같은 절대 원칙을 넘어서는 세상에서 살아야 했다. 백인이든 누구든 네 몸과 마음을 지배하게 내버려두면 분명히 실패한 삶을 사는 거야. 바바는 그렇게 살 바에는 차라리 죽어서 다 끝내는 편이 낫다고 늘 말씀하셨다. 어린 나는 옛 방식으로 움직이는 외할머니의 세상에서 살고 싶었다. 하지만 어머니와 함께 새것으로 가득한 세상에 살아야 했다. 마음이 무너져내리고 산산조각 나는 것만 같았다. 내 영혼은 옛 세상에 속했고 새것으로 가득찬 세상은 결코 나를 차지할 수 없었다.

('유색 인종 보병'으로 참전도 하고 세계도 여행하셨던) 똑똑하고 근면한 우체국 청소부였던 아버지가 법을 초월해 살아가는 문맹인 이 흑인들을 깔보는 차갑고 비정한 사람이라는 사실을 깨닫기 전부터 이미 내 마음은 집을 멀리 떠나 있었다. 애국심 강한 가장인 아버지는 평생 법의 테두리 안

에서 사셨고 그 사실을 자랑스러워했다. 아버지는 공공연하게 어머니가 자란 세상을 경멸했다. 그렇게 아버지는 어머니가 당신의 계급을 점점 더 창피해하고 가족과 연을 끊지 않는 선에서 과거의 방식으로부터 최대한 멀리 벗어나게끔 이끌었다. 어머니는 혹시라도 자식들이 모든 관습을 무시하며 외조부님들처럼 경계인으로 살겠다고 나서면 연을 끊을 작정이었다. 옛 방식으로 살 의지가 없었던 어머니는 관습의 테두리 안에서만 안온함을 느꼈다. 옛 방식이 금세 잊히리라는 사실은 브로드 스트리트 1200번지 거주자만 빼고 모두 알았다. 살아남기 위해 어머니는 현대적이고 새로운 세상과 타협해야 했다. 옛 방식에 등을 돌리고 돈을 주고 산 싸구려 물건이 존재하는 세상을 몸과 마음으로 받아들였다.

생활 수준을 향상시키기로 마음먹은 어머니는 교외에서 도시로, 콘크리트 상자 같은 집에서 포터씨네 집으로 이사를 했다. 마침내 그 집에 우리 가족의 역사와 추억을 담을 수 있었다. 포터씨는 그 집에서 오래오래 사시다가 거기서 숨을 거두셨다. 포터씨는 욕실만 하나 더 만들었을 뿐 처음 이사왔을 때와 똑같은 상태로 살았다. 어머니에게 이 집은 천국이었다. 번듯한 식당과 손님방, 지붕이 있는 현관, 넓은 부엌이 있고 일층에는 부부 침실이, 이층에는 넓은 아이들 방 두 개가 딸린 집이었다. 단열도 안 되고 방은 꼭 다락

방처럼 천장이 낮고 비스듬하게 기울어진데다 천장부터 바닥까지 창이 길게 이어져 있었다. 외풍이 어찌나 심한지 겨울에는 난방도 소용없을 정도였다. 하지만 어머니한테는 아무래도 상관없었다. 아름다운 지붕이 있는 현관이 딸린, 페인트칠을 새로 한 크고 하얀 집으로 이사해 온 마당에 그게 대수겠는가.

1900년대 초에 지은 포터씨의 이층집은 가능성으로 충만했다. 꿈을 품어볼 만한 집이었다. 아버지가 집이나 이사를 어떻게 생각하셨는지 알 수 없었다. 우리가 어디에서 살든 그 집은 늘 아버지 집이었다. 가장이 살아도 된다고 허락했기 때문에 아내와 아이들이 거기 살 뿐이었다. 그것만은 확실했다. 아버지는 집 곳곳을 손보셨는데, 남자라면 응당 집을 살기 좋게 만들어야 하기 때문이다. 아버지가 집 옆쪽에 베란다를 설치하고 거기에 벽을 세워 남동생 방과 창고를 만드시는 모습을 우리는 경이에 찬 시선으로 바라보았다.

당시의 낡은 집들이 다 그랬듯 우리집에도 벽장이 거의 없었다. 물건을 쌓아둘 만한 협소한 공간뿐이었다. 전 재산이라고는 옷 한 보따리와 몇 가지 물품뿐인 사람들이 사는 세상에 벽장은 필요하지 않았다. 사람들이 물건을 점점 더 사들이는 이제는 옷을 제대로 수납하려면 침실용 장롱과 커다란 옷장이 필요했다. 우리는 각자 자기 서랍장이 있었다.

우리는 방 하나를 새로 지은 이층집에서 포터씨의 환영과 그의 추억과 함께 살았다. 그 무렵 우리 가족 구성원은 부모님과 딸 여섯에 아들 하나로 늘어나 있었다. 언덕 위의 외로운 집에 살던 시절과 달리 포터씨 집에서는 우리를 언제나 지켜보고 수군거리는 이웃들과 잘 지내는 법을 배워야 했다. 어머니는 당신도 자식도 험담을 들으면 안 된다고 가르치셨다. 우리가 이사간 동네 주민들은 대개 은퇴한 교사와 노인 들이었다. 그러니 그런 분위기에 맞게 행동하는 법을 배워야 했다.

그때도 아무도 계급에 대해 말하지 않았다. 어머니는 새 집에 이사와서 기쁘고 좋은 일이 많다면서도 옛 방식을 떠나서 좋다고는 말씀하지 않으셨다. 법 위에 살았던 오지 사람들은 존경할 만한 시민이 아니었다. 기괴하고 정신 나간 짓처럼 보인 그들의 생활방식은 법의 범위가 미치지 않는 문화, 그러니까 중산층의 버릇이 담긴 정돈된 규칙이라기보다는 변두리의 문화와 같았다. 어머니는 바로 그 변두리에서의 삶을 거부했다.

포터씨 집에서 우리 모두 돈에 대해 알아갔다. 필요한 것과 원하는 것을 하려면 돈이 충분해야 한다고 이야기할 때도 여전히 계급과 관련짓지 않았다. 이웃집 흑인들과 마찬가지로 우리는 무엇보다도 돈을 인종 문제로만, 백인들이

즉 돈을 잘 버는 좋은 직업을 독차지한다는 사실으로만 이해했다. 아버지는 월급이 적은 편은 아니었지만, 인종차별 정책에 따르면 동일 업무를 맡은 백인과 같은 봉급을 결코 받을 수 없었다. 남부에 사는 흑인치고는 운좋게도 아버지는 정기적으로 봉급을 받는 직장에 다녔다.

남자인데다 돈까지 벌어왔으니 우리집을 지배할, 모든 결정을 혼자 내리고 아무때나 어머니의 권위를 짓밟을 권리가 아버지에게 있었다. 아버지가 결혼생활 중 가장 싫어하신 일은 당신이 벌어온 돈으로 가족이 함께 생활해야 한다는 것이었다. 아버지는 아주 적은 생활비를 주면서 지출내역을 꼼꼼하게 챙겼다. 사치나 낭비를 하는 게 아님을 확인하고서야 아버지는 간신히 비용을 충당할 정도만 돈을 주셨다. 자식들이 크면서 돈 들어갈 일이 생기면 아버지는 교과서에서 교복까지 거의 모든 것을 사치로 치부했다. 우리는 (밴드나 체육복에 들어가는 돈처럼) 자라면서 추가로 드는 돈은 쓸데없는 지출이라는 잔소리를 귀에 못이 박히도록 들어야만 했다. 돈 들 일이 생기면 아버지는 자신과는 무관한 일인 양 굴었다.

어머니는 돈이 있으면 좋겠다는 우리의 투정을 들어주었다. 돈이 없어 뭐가 힘든지 얘기해도 귀담아 들어주었다. 어머니는 우리의 소원을 들어주려 애도 쓰셨지만 그때도 계급에 대해서나 우리가 당신에게는 닫혔던 여러 갈래의 길을 택해 뛰어난 결과를 거두는 모습을 보고 싶다고는 전혀 말씀하지 않으셨다. 어머니 생각에는 여자의 모든 기회를 앗아가는 주범은 계급이 아니라 원치 않은 임신 같은 성의 문제였다. 어머니는 딸들에게 돈 많은 남자와 결혼하라고 권하지 않았다. 오히려 인생을 망칠 수도 있다며 이성을 멀리하라고 경고했다. 게다가 좋은 직업을 가지도록 공부를 열심히 하라고 거듭 독려했다.

어머니가 그런 의지를 관철하기란 쉽지 않았다. 아버지는 여자가 너무 많이 배우면 남편을 못 구한다고 믿었다. 두 분이 자식들 귀를 피해 늦은 밤에 침대에서 이야기를 할 때면 아버지는 쓸데없는 짓 하지 말라며 어머니를 윽박질렀다. 어머니는 우리를 남자들이 결혼 상대로 바라는 얌전하고 순종적이며 현모양처가 될 만한 여자로 키우는 한편 자기 직업을 가질 수 있도록 몰래 지원해주었다. 여자가 정도正道를 벗어나 방황하다가 다시 제 길을 찾는 데 걸림돌이 되는 위험 요인은 성별과 인종이었다. 계급 이야기는 아무도 하지 않았다.

정부로부터 보조금을 받는 여자들은, 즉 복지혜택을 받는 여자들은 직업이 없어서가 아니라 그들을 먹여 살리고 존중받을 만한 사람으로 만들어주는 남자가 없으니 동정받아 마땅했다. 16년 동안 행복하게 자라면서 존중받을 만한 것과 존중받는 것은 완전히 다른 개념이라는 걸 뼈저리게 깨달았다. 어리사 프랭클린의 노래를 들은 사람이라면 무슨 말인지 잘 알 것이다. 당신을 중요한 존재처럼 대하고 그에 합당한 대우를 하는 게 존중이다. 아버지와 같은 남자들은 결코 여자를 존중하지 않는다. 그들은 여자를 물건처럼 돈으로 살 수 있는 존재로 여겼다. 그러니 무슨 존중이 필요하겠는가?

우리 공동체에서 독신이면서도 존중받을 만한 여자는 교사뿐이었다. 아무도 그들이 결혼을 한다고 생각하지 않았다. 물질보다는 정신을 택한 여자들 아닌가. 그들은 스스로 남자들이 원하지 않는, 생각하는 여자의 삶을 선택했다. 좋은 집에서 돈 걱정 없이 살아도 사람들은 여전히 그들을 동정의 대상으로 여겼다. 복지혜택을 받는 여자들과 달리 여교사가 계속 존중받으려면 아이가 없어야 했다. 여자 혼자 사는 일이 무엇보다 큰 비극인 세상에서 철저하게 혼자여야 했다.

어머니는 내게 이런 여자들을 존경하고 그들처럼 되는 길을, 즉 지성을 기를 방법을 찾으라고 격려했다. 지성을 쌓으면 욕망의 영역에서 벗어날 수 있음을 어머니 덕에 깨달았다. 이성애적 욕망이 지배하는 사회에서 여자는 모든 일을 남자에게 의지해야 한다. 일하는 흑인 여자들은 모두 남편이 담배 농장이나 광산에서 일을 해서 혹은 막노동으로 벌어온 돈을 쓰며 전업주부로 살고 싶어했다. 광산에서 일하는 동네 아저씨들은 퇴근할 때면 재처럼 보이는 허연 먼지를 뒤집어쓰고 돌아왔다. 여자들은 그 모습을 보며 흑인 남자가 벌어올 수 있는 돈을 자신들은 어떻게 벌 수 있을지 대화를 주고받았다. 아무도 그 일이 얼마나 위험한지 말하지 않았다. 중요한 건 돈이었다.

인종 분리 교실에서는 흑인 의사와 변호사, 장의사의 아이들이 나란히 앉았지만 아무도 계급에 대해서 말하지 않았다. 우리는 걔들이 단지 더 예쁘고, 더 똑똑하고, 올바르게 행동할 줄 알아서 더 좋은 대우를 받는다고 생각했다. 어머니는 집착에 가까울 정도로 우리에게 예의바르게 행동하라고 강조하셨고, 매너와 부르주아의 예절을 가르치려 하셨다. 정작 어머니는 중산층 흑인과 제대로 교류한 적이 없어서 어찌해야 하는지 모르셨다. 텔레비전에서 보거나 잡지에서 읽었거나 간간이 백인의 집을 청소하다가 중산층의 감성을 보고 매혹된 것에 불과했다. 우리가 십대가 되자 어머니는 아버지에게 허락을 받아 이따금 부업을 시작했다. 물론 자주는 아니었다. 우리가 갖고 싶어하는 걸 사주시려고 푼돈이라도 벌어 가욋돈을 마련하기 위해 죽어라 일했다. 어머니는 희생적으로 일하셨다. 하지만 정당한 노동으로 대접받지도 못했다. 그러다가 교회에서 중산층 흑인들과 마주쳤다. 어머니는 그들을 따라 하면 그들처럼 될 수 있다고 믿었다. 어머니는 그들을 보고, 관찰하고, 흠모한 다음 멋진 이상처럼 중산층의 삶을 우리에게 불어넣었지만, 그 과정에서 한 번도 계급이라는 단어를 입에 올리지 않았다.

돈은 필요하고 중요했다. 모두 돈 얘기를 했으나 아무도 계급 얘기는 꺼내지 않았다. 인종차별 철폐가 법제화된 후에도 오랫동안 인종차별이 일상사였던 대부분의 남부 도시처럼 우리 동네에서도 흑인은 길 이쪽에, 백인은 그 반대편에 살았다. 인종차별 폐지를 법제화했음에도 아무것도 달라지지 않았다. 흑인은 돈을 아무리 벌어도 흑인 구역을 벗어날 수 없었다. 이런 사회 분위기 속에서 살다보니 계급이 아니라 인종이 중요하다고 생각할 수밖에 없었다. 돈은 중요하다. 하지만 돈이 아무리 많아도 피부색을 바꿀 수는 없다. 흑인이라면 빈부를 떠나 같은 운명을 타고났음을 보여주는 인종이란 요소가, 인종이라는 선입견이 사람들의 머릿속에 깊게 뿌리박혀 있었다.

우리집에서 계급에 대해 논한 사람은 아무도 없었지만 우리는 근면한 노동의 중요성을 높이 평가했다. 아버지는 직장에서, 어머니는 집에서 열심히 일했다. 근면은 하나의 덕목이었다. 우리는 어릴 때부터 게으름이 얼마나 나쁜지 귀에 못이 박히도록 들었다. 교회에서는 "일을 할 수 없는 밤을 대비해 낮 동안 일을 하라"라고 설교했다. 아버지는 동료들과 직장 내 위계질서를 이야기하며 일은 적게 하면서 돈은 더 많이 받아가는 상사에 대한 불만을 토로했다. 청소년기에 어른들의 이런 대화를 엿들을 때면 고생하는 남자들의 모습에 마음이 편치 않았다. 이런 대화에서도 근본적인 문제는 인종이었다. 상사들은 백인이었다. 노조는 백인의 일자리와 백인 노동자를 보호하기 위해 존재했다. 그 누구도 흑인을 신경쓰지 않았다.

일자리를 못 구한 흑인에게는 군대라는 해결책이 있었다. 군부대 근처에 살았던 우리는 늘 군대도 일종의 일자리로 여겼다. 부모 말을 안 듣는 흑인 소년들을 입대시켰다. 군대가 요구하는 규율과 노동을 익히면 나쁜 길에 빠진 소년들이 올바른 길을 걷게 되고 짭짤한 월급까지 받아서 매달 집으로 생활비를 보낼 거라고 모두 확신했다. 참전 용사였던 아버지는 군대에 가면 남자들이 남자답고 강해진다고 굳게 믿으셨다. 인종차별이 만연한 세상임에도 불구하고 군에서 배운 교훈이 평생 유용할 것이라고 믿으셨다. 말뚝을 박아도 되므로 군대는 흑인 남자들에게 평생 고용을 보장하는 직장이었다. 군대를 떠난 흑인 남자들은 일자리를 구하기가 쉽지 않았다. 아버지도 우체국 관리인으로 취직하기까지 한동안 실업자 신세를 면치 못했다. 마침내 일자리를 구한 아버지에게 직장이란 자신이 근면한 일꾼이라는, 한 직장에 평생을 바치리라는 자부심의 원천이었다. 이러한 자부심이 내가 아버지에게 물려받은 유산, 즉 근면의 가치에 대한 믿음이자 노동자에 대한 존중이었다.

계급에 관한 대화는 늘 인종 문제와 결부되었지만, 우리는 아버지의 모습을 지켜보면서 우리가 노동계급이라는 사실에 자부심을 가졌다. 스스로를 제대로 파악하려면 먼저 노동의 세계에서 자신이 어떤 위치에 서는지부터 알아야 한다. 다시 말해 이는 결국 인종과 계급에 부닥쳐야 함을 의미했다.

2장

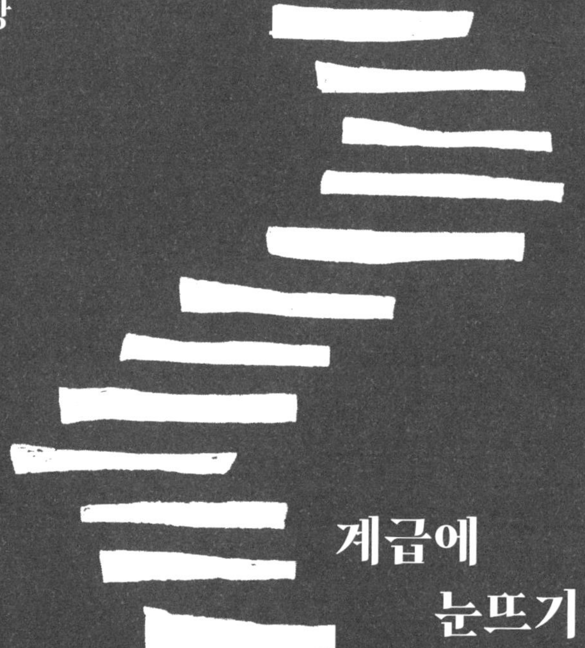

# 계급에 눈뜨기

어릴 때 나는 돈으로 살 수는 있지만 우리 부모님으로서는 사줄 만한 능력도 의지도 없는 그런 물건이 종종 갖고 싶었다. 그때마다 어머니는 돈이 없어서 못 사준다고 말하기보다 대개는 우리가 아예 그런 바람을 품지 않도록 마음을 바꾸게 유도했다. 때로는 우리가 갖고 싶어하는 물건을 빌미로 우리를 질책하거나 민망하게 만드셨다. 내가 기억하는 한 언제나 그랬다. 그토록 갖고 싶던 예쁜 노란 원피스는 어머니의 이야기를 듣고 나면 예뻐 보이고 싶은 여자아이라면 절대 안 입을 흉측한 옷으로 변했다. 그런 이야기를 듣다보니 내 욕망이 쓸데없고 어리석게 느껴졌다. 나는 욕망을 불신하고 그걸 감추는 법을 배웠다. 내 욕망을 구체적으로 호명할수록 그것이 이루어질 가능성이 희박해졌기 때문이다.

돈에 관해 관심을 끊거나 어떤 욕망의 환상에도 빠져들지 않아야 마음이 더 편해진다는 사실을 깨달았다. 욕망을 억누르거나 다른 것으로 승화시키는 법도 익혔다. 씨도 안 먹힐 소원보다는 집안 형편에 맞는 소원을 갖는 편이 더 낫다는 사실도 깨달았다. 돈이 문제라는 걸 알기 전에는 값나가는 물건에 마음을 빼앗기곤 했다. 나 같은 계급의 여자아이라면 절대 꿈꾸지 않을 물건에 말이다. 하지만 그때만 해도 나는 계급이 뭔지도 몰랐고 내가 어리석거나 분수에 맞지 않는 욕망을 품었다는 생각조차 못했다. 결국 그 사실을 깨닫고는 그제야 헛된 소원은 잊기로 했다. 대신 생존에, 살아가는 데 집중했다.

지원 대학을 정해야 할 때가 되자 돈 문제가 표면에 떠올라 결국 이야기를 꺼낼 수밖에 없었다. 학자금 대출과 장학금을 알아봤지만 학비를 그걸로 다 해결한대도 교통비나 교재비는 물론이고 생각지도 못하게 돈 들어갈 데가 여전히 많았다. 어머니는 집에 여윳돈이 없으니 학자금 지원이 가능한 집 근처 학교를 들어가라고 했다. 나는 대학 1학년 시절을 집 근처 학교에서 보냈다. 평범하게 생긴 백인 여자 모집원이 찾아와 우리집 거실에 앉아 우리 부모님께 학교가 다 보살펴줄 것이며 전액 장학금도 받을 수 있으니 학비는 한 푼도 안 들 수도 있다고 설명했다. 하지만 부모님은 다 알고 계셨다. 학비가 면제여도 교통비며 옷값 등 돈 들어갈 데가 여전히 많다는 걸 말이다. 그래도 부모님은 그 학교로 결정했다. 학교까지는 부모님이 태워주기로 했다. 명절 연휴에 집으로 돌아올 필요도 없었다. 나는 잘해나갈 것 같았다.

부모님 차를 타고 백인 학생이 대부분인 학교에 도착해 룸메이트를 처음 만난 순간 흑인과 한방을 쓰게 된 그 학생의 얼굴이 두려움으로 일그러지는 모습을 보았다. 나는 두말하지 않고 방을 바꿔달라고 요청했다. 그 학생도 자신의 우려를 전한 것이 분명했다. 평소에는 1학년생에게 배정되지 않는 층계 옆 작은 방으로 옮겼다. 나는 1학년 흑인 학생이었고, 백만 년이 흘러도 자비로 학교에 다니거나 1인실 기숙사비를 감당할 수 없는 장학생일 뿐이었다. 동급생들은 나와 거리를 뒀다. 나는 교내식당에서 식사를 해결했기 때문에 학교 밖에 나가서 피자나 음료수를 사 먹을 돈을 걱정할 필요도 없었다. 나의 꿈도, 여러 결핍도, 외로움도 혼자 간직했다. 그냥 알아서 해결해야 했다.

나는 쇼핑을 거의 하지 않았다. 집에서 어머니가 새 옷을 사서 보내주었다. 내색은 하지 않았지만 어머니는 부유한 백인 학생 사이에서 내가 주눅들지 않기를 바랐다. 기숙사에서 흑인은 나뿐이었다. 주눅이 들고 말고 할 것도 없었다. 나는 경멸과 무관심의 대상이었다. 자기들끼리 낄낄거리고 결혼에 목숨을 건 백인 여대생들은 내게 외계인 같았다. 우리는 사는 별이 달랐다. 나는 책의 세계에 빠져 살았다. 책을 읽던 나를 눈여겨본 한 백인 학생과 곧 친해졌다. 나는 그늘나무 아래를 은신처로 삼았다. 풍요로운 대학 캠퍼스에 그냥 둬도 쑥쑥 자라는 듯한 그런 나무 아래 말이다. 나는 그 '완벽한 상태의' 잔디밭에 앉아 시를 읽으며 여기 잔디는 이렇게 아름답게 잘 자라는데, 아버지가 포터씨 집 앞마당에 가꿔보려고 한 잔디는 왜 매번 누렇거나 갈색으로 변해 시들어버렸을까 의아해했다. 마당과 아버지의 싸움은 매번 아버지의 패배로 끝났고 마침내 아버지도 두 손을 들었다. 우리집 주변 풍경은 그럴듯했지만 마당만은 언제나 방치된 듯한 분위기였다. 마당은 초라해 보였다.

대학 교정에서는 풀도 나무도 무성하게 잘 자랐다. 울창한 신록이 정말 싱그러웠다. 언젠가 내가 앉아 있던 나무 그늘에서 한 동급생이 혼자 울고 있었다. 학교 수업이 힘들었거나 욕심만큼 똑똑하지 못해서 좌절했거나, 경제적 지원이 끊길까봐 두려웠거나(전액은 아니어도 그녀도 나처럼 장학금과 학자금 대출을 받았다), 남자친구 문제 같은 소소한 일 때문이었을 것이다. 체코슬로바키아 이민자 가정 출신으로 일리노이에서 온 그 학생은 계급이 뭔지 잘 알았다.

재력과 자기 집안을 자랑하는 다른 학생에 대해 그녀는 멸시와 분노, 질투심으로 벼려져 날이 선 목소리로 말했다.

나는 질투를 하지 않으려고 항상 애썼다. 마음 편해지자고 질투를 너무 가까이하면 그게 미혹으로, 욕망으로 이어질 수 있었다. 나는 다른 학생들이 가진 어떤 것도 바라지 않았다. 하지만 그 친구는 수치심도 없이 공공연하게 욕망을 떠들며 모든 것을 갈망했다. 누가 더 크고 좋은 것을 살 수 있는지 알기 위해 끊임없이 경쟁해야 하는 공동체 그리고 조직적인 노동력, 노조, 파업을 보고 자란 그녀는 상사와 노동자의 세계를, 가진 자와 못 가진 자의 세계를 잘 이해했다.

고등학교에서 알던 백인 친구들은 자신이 속한 계급 특권을 겸허히 받아들였다. 우리는 교회에서 가난한 사람처럼 행동하라고 배웠기 때문에 과잉에 악이 깃든다고 생각했다. 우리가 알기로 부자는 천국에 가기 어려웠다. 하느님은 부자에게 지상에서 천국을 선사했지만, 그는 함께 나누지 않았다. 드물게 나눔을 실천하는 부자들만이 천상의 낙원에서 신을 만날 수 있지만, 설령 그렇다고 해도 거기 가는 길을 쉽게 찾기 힘들었다. 고등학교 친구들은 부를 과시하면 세상의 눈총을 받으며 하느님과 공동체에게 지탄받는다고 여겼다.

여대 신입생 시절 사귄 몇 안 되는 친구들은 부자가 아니었다. 그 친구들에게 옷이든 음식이든 휴가든 뭐든 비싼 것을 가질 수 있다고 자랑하는 여학생들 이야기를 들었다. 노동계급 출신의 학생은 별로 없었다. 그래서 우리는 우리 주제를 잘 알았다. 가난한 집안 출신 학생들은 부유한 학생들과 어울리려 하거나 미모나 스타일 혹은 두 가지 모두로 그들을 이기려고 애썼다. 나는 흑인이므로 자연히 아웃사이더가 되었다. 그들의 세계는 경멸을 통해 유지되었기에 나는 더 궁지에 몰렸다. 그 중간에 '낀' 학생들은 누군가를 표적으로 골라 그 사람 방을 어지럽히는 우스꽝스러운 짓을 벌이기도 했다. 누군가 내 방에 들어와 내 물건을 헤집고 다니는 걸 인사이더들은 귀여운 행동이라고 여긴다니 생각만으로도 끔찍했다. 그들 무리에 끼지 않은 아웃사이더인 나는 확실한 목표물이었다. 멸시의 대상이었던 나는 그 목표물 명단의 최상단에 놓였다. 도무지 이해할 수 없었다. 하지만 온통 쓰레기장이 된 내 방을 본 순간 폭력과 침범으로부터 내 공간을 못 지켜냈다는 사실에 분노와 깊은 슬픔이 터져나왔다. 너무나 많은 것을 가진 그 학생들이, 가진 것을 너무 당연하게 여기고, 부서지고 고장난 물건이며 쏟아진 향수, 사방에 흩어진 파우더를 새로 사기 위해 필요한 눈이 튀어나올 만큼 큰돈이 우리에게 없다고는 생각조차 하지 않는 그 학생들이 미웠다. 우리는 엉망이 된 옷을 세탁소에서 해결해준다는 사실조차 몰랐는데, 한 번도 세탁소에 옷을 맡긴 적이 없었기 때문이다. 경멸을 양분삼아 분노는 깊어지고, 강해지고, 오래도록 사무쳤다. 매일 그들의 놀림과 생활방식에 도전하듯 맞서야 했다.

하지만 그들은 결코 나를 깔아뭉갤 수 없었다. 정말이지 놀라운 일이었다. 그들은 흑인 소녀는 백인이 되고 싶어한다고, 자기네 세계에 끼고 싶어한다고 믿었다. 돌처럼 냉정한 내 눈길과 침묵, 그들의 세계에 결코 발을 들이지 않으려는 완고한 태도에 그들은 의아해했다. 내가 자기네 뜻대로 굴지 않자 그들은 내게 복수를 했다. 내 방을 엉망으로 만들어놓고서 그들은 사과를 하면서 내 마음을 누그러뜨린 후 설득하고 이해시키려들었다. 하지만 결코 그들을 이해하고 싶지 않았다. 그들의 세계에 관한 모든 것이 표면상 과도하게 노출되어 있었다.

나를 가르친 영문학 교수님 중 한 분이 스탠퍼드대학에 출강하셨다. 그분은 내가 거기 맞는다고 생각하셨다. 바보 같은 장난이나 놀이와 옷치장보다 지성이 높게 평가받는, 학문적 성취가 신랑감 구하기에 빛을 잃지 않는 그런 곳 말이다. 그 교수님은 결국 스탠퍼드로 떠났다. 그때까지만 해도 캘리포니아주에 간다는 생각은 한 번도 해보지 않았다. 켄터키주를 떠나 바로 이웃한 주의 여자 대학에 입학하려고 부모님을 설득하는 일도 충분히 힘들었다. 이 대학 진학도 부모님이 직접 운전해서 오실 만한 거리라서 허락받았는데, 하물며 수천 킬로미터나 떨어진 데 위치한 대학이라니 그건 부모님의 상상 밖 영역이었다. 나조차도 집을 그렇게 멀리 떠난다는 게 무슨 의미인지 잘 가늠되지 않았다. 그저 떠나면 여행을 떠나 마침내 날 받아주고 이해해주는 곳에 도착하리라는 기대감만이 나를 사로잡았다.

신입생 시절, 계급적 특권에 대한 인식이 내 머릿속에 모호하게나마 자리를 잡았으나 그렇다고 당장 계급적 수치심을 실감한 것은 아니었다. 그때까지만 해도 부모님이, 특히 어머니가 계급을 둘러싼 당신의 수치심이 너무나 깊고 강렬했기 때문에 어떠한 돈 문제도 절대 인정하지 않는다는 걸 아직 깨닫지 못했다. 그리고 당신이 나고 자란 하층계급의 삶보다 더 높은 곳으로 올라왔다는 자부심과 이 수치심이 결합하자, 어머니는 나를 스탠퍼드대학에 보내려면 우리 가족이 어떤 부담을 짊어져야 할지를 도저히 솔직하게 털어놓을 수 없었다.

그때 부모님은 내가 그간 품었던 여러 욕망처럼 이 또한 도저히 이룰 수 없다는 말만 하셨다. 부모님은 돈 문제는 언급하지 않고 죄악 얘기만 하셨다. 캘리포니아는 죄로 물든, 쉽게 그릇된 길로 빠질 수 있는 현대판 바빌론이었다. 순진한 아가씨가 혼자 살 만한 곳이 아니었다. 어머니는 절대로 허락하지 않겠다는 아버지의 뜻을 상기시켜주었다.

너무 실망한 나머지 아쉬움과 섭섭함을 숨길 수 없었다. 다른 부모님은 자식이 더 좋은 학교에 가기를 바란다고 어머니에게 말했다. 하지만 우리 부모님이 '좋은' 학교가 뭔지 전혀 모른다고는 그때 미처 생각하지 못했다. 어머니가 고등학교도 나오지 않았다는 사실을 알았지만 나는 여전히 어머니를 존경했다. 부모님은 집안에서 가장 권위 있는 위치에 있는, 가장 서열이 높은 가정 내 독재자였다. 우리 형제는 일찌감치 부모님 말씀이나 지식에 의문을 품지 않는 편이 더 낫다는 사실을 알아차렸다. 우리는 맹목적으로 두 분을 신뢰했다.

우리가 다른 가족을 거의 접하지 못했다는 점에서 가정 내 독재는 위험했다. 우리는 다른 사람의 집에 거의 가보지 못했다. 설령 가더라도 우리집 이야기를 거의 꺼내지 않았다. 설령 다른 집 사람들이 우리집과 다르게 생활하거나 행동하더라도, 그걸 집에 와서 말하거나 새로이 알게 된 사실로 부모님에게 영향을 미치거나 부모님을 변화시키려고 나서려면 다른 가족들을 만날 기회를 잃을 위험을 감수해야 했다.

아버지는 군시절 해외 파병도 다녀오셨지만, 한 번도 그때 어떤 경험을 했는지 들려주시지는 않았다. 우리집에서 종교처럼 강조했던 안전은 오로지 집 그리고 집 근처에서만 찾을 수 있었다. 우리는 휴가를 가지 않는, 모험하지 않는 가족이었다. 대도시에 사는 친척들이 애들을 놀러 보내라고 어머니에게 제안했지만, 부모님은 언제나 정중하게 그 초대를 거절했다. 딱 한 번 어머니가 허락해 시카고에 사는 어머니의 사촌 오빠 스타일러—발음을 할 때면 느낌이 이상하면서도 어감이 좋은 이름이었다—아저씨네 간 적이 있다.

은퇴한 스타일러 아저씨는 오랜 세월을 함께한 아내 로비와 공동소유한 갈색 벽돌 건물의 반지하에서 쓸쓸하게 살았다. 직업 화가였던 스타일러 아저씨는 정물화와 누드화를 그렸다. 두 분이 우리집에 왔을 때 내가 학교에서 상을 탄 그림을 어머니가 자랑삼아 보여주셨다. 슬픈 눈빛을 한 가난하고 외로운 소년의 초상화였다. 우리는 계급 배경과 상관없이 학교에서 모두 미술을 배웠다. 고등학교에 올라가자 관심 없는 아이들은 미술에 대해서 까맣게 잊어버리고, 미술을 좋아하고 미술적 환경을 가까이 접할 수 있는 일부 아이들만 남았다. 어떤 이들에게는 미술과 가깝다는 것이 단지 타고난 관음증일 뿐이었다. 그들은 재능은 있어도 그걸 사용하는 데는 별 관심이 없었다. 그리고 미술에 대한 열정과 재능은 충분하지만 돈이 없는 나 같은 부류가 있었다. 예술은 돈 있는 사람들의 것이었다.

부모님께서 액자를 만들어주시지 않겠다고 단호히 말씀할 때 이 사실을 깨달았다. 전시회에는 액자에 끼운 작품만 출품할 수 있었다. 이탈리아 이민자로 항상 검은 옷만 입었던 미술 선생님께서 쓰레기장에서 주운 나뭇조각으로 액자를 만드는 법을 가르쳐주셨다. 외할아버지처럼 그분도 주운 물건을 좋아하셨다. 두 분은 언제나 아름다운 것을 사랑하며 살아남은 사람들이었다. 고등학교 미술 수업 때 우리는 아름다움, 즉 미학에 관해서 이야기를 했다. 하지만 외할아버지가 물건을 사랑하는 법을 가르쳐주셨다고 방과후에나 이야기할 수 있었다.

매년 학생들은 화가 한 명을 선택해서 그의 작품 세계를 공부하고 그와 같은 방식으로 그림을 그렸다. 나는 추상표현주의와 빌럼 더코닝의 작품을 선택했다. 붉은색, 노란색, 갈색 등 다양한 색조로 내가 상상한 우리집의 가을 풍경을 주제로 정해 수업을 마치고 그림을 그리며 내가 느낀 고독을 이 집에 담고자 했다. 내 작품 중 이 그림이 제일 만족스러웠다. 그래서 스타일러 아저씨에게 외로운 소년 그림과 함께 이걸 보여주었다.

스타일러 아저씨와 로비 아주머니가 어떻게 어머니를 설득해서 나를 시카고에 데려가 시간을 보낸 건지 지금까지도 미스터리이다. 시카고는 내 인생 첫 대도시였다. 시카고 방문을 통해 인종차별 정책이 시행중인 남부에서 처음으로 벗어나봤다. 이 여행에서 흑인이 갖가지 직업에 종사하는 세상을 난생처음 보기도 했다. 시카고의 흑인들은 우체국에서 근무하며 우편물을 배달하거나, 공장에 다니거나, 버스를 운전하거나, 쓰레기를 모았다. 흑인들이 번듯한 직업이 있었다. 엄청난 신세계였다. 흑인도 힘을 가진 세계였다. 나는 로비 아주머니의 흑인 친구가 경영하는 작은 가게에서 일했다. 그분의 아내는 미용실을 경영했지만 아이는 없었다. 하지만 돈은 있었다.

로비 아주머니는 내게 계급이 무엇인지 알려주었다. 하층계급 사람들은 신경쓸 필요가 없다고 했다. 로비 아주머니는 내게 목표를 높이 잡아야 한다고 강조했다. 그게 대도시의 사고방식이었다. 내가 나고 자란 소도시 공동체에서는 모든 사람이 가치가 있다고 가르쳤다. 특히 어머니는 우리가 다른 사람보다 절대 잘나지 않았으며 어떤 운명을 타고난 사람이든 간에 모두 존중받을 자격이 있다고 항상 말씀하셨다. 어머니도 목표는 항상 높이 잡았지만, 변함없이 이 원칙을 지켰다. 그 때문에 로비 아주머니의 말을 듣고 무척 혼란스러웠다. 대도시는 너무나 멋진 곳이지만 그만큼 두렵기도 했다.

그러나 차츰차츰 내 시각도 바뀌어갔다. 흑인도 화가가 될 수 있는 세상을 대도시에서 확인했다. 한편 예술가의 삶은 곤궁하다는 사실도 알게 되었다. 우리 가족은 그 누구도 내가 화가가 되기를 바라지 않았다. 가족들은 내가 좋은 직업을 가졌으면 했다. 이를테면 교사 같은 직업 말이다. 그림 그리기는 진짜 일을 다 마치고서 하는 일에 불과했다. 식구들에게 한두 번 정도 화가가 되고 싶다고 말했지만 그러자마자 가혹한 경고와 비웃음이 쏟아졌다. 내가 품은 다른 꿈처럼 바보 같은 꿈이라며 웃음을 터트렸다. 멍청한 여자아이는 원래 멍청한 짓을 잘하기 마련이므로 비웃음에 이어 가혹한 질책이 이어졌다. 흑인은 화가로 먹고살 수 없었다. 가족들은 확실한 예를 하나 들어 나를 훈계했다. 우리가 아는 유일한 흑인 화가인 스타일러 아저씨가 두더지나 쥐처럼 컴컴한 지하방에 살지 않느냐고 했다.

화가가 되고 싶다는 소망도 여느 때처럼 계급이 아닌 인종 차원에서 이야기되었다. 어쨌거나 내게 쏟아진 온갖 경고에는 미국에서 암묵적으로 받아들여지는 계급 현실이 깔려 있었다. 나는 화가의 꿈을 미련 없이 접었다. 그리고 대학 공부를 어디에서 이어갈지, 내가 이방인처럼 느끼지 않아도 되는 곳을 어디에서 찾을지 같은 당면한 문제를 고민했다.

부모님은 스탠퍼드대 입학을 허락하지 않았고 나도 한동안 그 결정에 따랐다. 어찌나 슬펐던지 몇 주 동안 거의 말도 하지 않았다. 그런데 존경하는 바깥세상 사람들에게 이런 기회가 찾아왔다는 건 정말 대단한 일이라고, 스탠퍼드대학은 똑똑한 여학생이 가야 할 좋은 학교라고 들은 어머니가 마음을 돌려 아버지를 설득했다. 그 무렵 나는 부모님이 허락하지 않더라도 가고 말겠다고 결심한 상태였다. 아마 어머니는 끝까지 허락하지 않더라도 나를 도와주셨을 것이다.

내가 결심을 굳히자 돈 얘기를 꺼낼 수밖에 없었다. 어머니는 캘리포니아가 너무 멀어서 거기까지 가려면 '경비'가 든다고, 혹시 무슨 일이 생겨도 부모님이 곧장 달려가 나를 구해줄 수 없다고, 명절 연휴에 집에 돌아오지도 못한다고 말했다. 이런 이야기를 다 듣고도 솔직히 실감이 안 났다. 그저 여대로 돌아가지 않아도 된다는 사실에, 아웃사이더로 취급받는 곳으로 가지 않아도 된다는 사실에 안도할 뿐이었다.

스탠퍼드대에도 흑인 학생들이 있었다. 심지어 흑인 학생들이 많이 사는 기숙사도 있었다. 내가 기숙사를 선택할 수 있는지도 몰랐기에 배정받은 곳으로 갔다. 스탠퍼드대에 가기 위해 생전 처음 비행기를 탔다. 공항행 버스를 타려고 집을 나설 때 어머니만 손을 흔들며 나를 배웅해주셨다. 집을 떠나자 흥분되기도 하고 두렵기도 해 마음이 복잡했다. 지금 내가 가려는 곳이 어떤지 아무것도 알 수 없었다. 하지만 막연한 미래에 대한 두려움보다 현실에 안주하는 상황이 더 무서웠다.

내가 나고 자란 공동체에서는 계급에 관한 이야기도 하지 않았고 억압적인 가족 분위기 탓에 정보를 공유하거나 자유로운 토론도 해보지 못했기 때문에 내 앞에 어떤 미래가 펼쳐질지 상상조차 할 수 없었다. 일상생활 면에서 보면 나는 무지했다. 에스컬레이터나 시내버스, 비행기, 지하철은 타본 적도 없었다. 샌프란시스코에 도착한 나는 팰로앨토까지 차로 한참 걸린다는 사실도 몰랐다. 거기까지 가는 차를 타는 데도 돈이 들 터였다. 나는 시내버스를 타기로 했다. 터질 것 같은 싸구려 가방을 바리바리 들고 허겁지겁 버스에 오르는 내 모습은 세상 물정 모르는 또 한 명의 이민자 같았을 것이다.

내가 탄 버스에는 짐을 올려둘 선반이 없었다. 버스는 이민자로 북새통이었다. 영어로 말하는 사람은 아무도 없었다. 나는 길을 잃은 미아처럼 무서웠다. 말로 꺼내지 않아도 주변 승객들은 내게 무엇이 필요한지, 내가 어디가 불편한지 보편적인 언어로 이해했다. 그들은 손을 내밀어 내 짐을 들어주고 나를 도와주었다. 답례로 그들에게 내 이야기를 들려주었다. 남부의 소도시를 떠나 스탠퍼드로 왔다고, 그들처럼 내 가족도 노동자라고, 온 세상 사람이 그러하듯 우리 가족도 땅을 일군다고 말했다. 그들도 노동자였다. 노동자는 노동자를 이해했다. 이제 대학에 입학해서 어떻게 하면 죽도록 일하지 않아도 되는 세상을 만들 수 있는지 배울 것이다.

마침내 목적지에 도착하자 어른들은 내게 낯선 사람을 절대 믿지 말라고 신신당부하며 이미 내가 다 아는 이야기, 이를테면 그곳은 고향이 아니며 고향과는 모든 것이 다르다고 강조했다. 도착하자마자 집에 전화했다. 수화기에서 멀리 계신 어머니의 목소리가 들려오자 아무 말도 못한 채 눈물이 쏟아졌다. 북받치는 감정을 가라앉히고 이방인이 된 기분이며 불확실한 미래와 그리움을 어머니에게 터놓고 싶었다. 어머니는 그게 내가 선택한 운명이라고 그러니 그 운명을 따라 살아야 한다고 말씀하셨다. 그 말을 끝으로 침묵이 이어졌다. 잠시 후 어머니가 전화를 끊었다. 그렇게 어머니는 여전히 이방인인 나를 세상으로 들여보냈다.

스탠퍼드대에서 나는 계급을 확실히 배울 수 있었다. 근면의 가치를 신봉했던 사람이 설립한 이 대학에서는 남자든 여자든 계급을 불문하고 누구나 와서 함께 연구하고 공부할 수 있었다. 평등주의와 공동체주의가 살아 있는 곳이었다. 설립자의 이상은 공산주의에 가깝다고 평가될 정도였다. 하지만 그가 부자였기에 사람들은 설립자의 성향을 그다지 위협적으로 받아들이지 않았다. 아마 그의 이상이 실현되리라고 믿은 사람도 없었을 것이다. 설립자는 요절한 아들 스탠퍼드의 이름을 대학에 붙였다. 그의 아들은 아버지의 이름을 물려받았지만 아버지의 재산으로도 아들의 미래는 살 수 없었다. 아무리 돈이 많아도 죽음을 막을 수는 없었다. 하지만 그 기억은 생생하게 유지할 수 있다. 그래서 우리는 너무 일찍 저승으로 떠난 젊은 아들을, 아버지의 가없는 슬픔을 연상시키는 건물에서 연구하고 공부했다.

새로운 세상인 이곳의 풍경은 어느 것이나 나를 사로잡았다. 부유한 설립자가 세계 각지를 여행하면서 나무를 사서 물과 점토가 있는 이곳으로 보냈다. 스탠퍼드대의 어도비 벽돌 건물들 사이로 벚나무와 금귤 나뭇잎이 넘실거렸다. 나는 중세문학 수업을 들으러 가다가 처음으로 금귤을 맛보았다. 꽃이 만발한 선인장과 아름다운 남미 부겐빌레아 관목에 둘러싸여 있으면 숨이 턱 막힐 듯하고 희망과 기대로 가득한 꿈의 풍경 속을 거니는 기분이었다. 나를 가로막는 것이 없는 한, 이 땅에서만큼은 이방인이 될 이유가 없어 보였다. 내가 서 있는 땅이 내 가치를 알 것 같았다.

계급은 비밀스럽게 이야기되었다. 부유하거나, 유명하거나, 악명 높은 집안의 자제들이 주목을 받았다. 우리를 총괄하는 어른들은 학교에 거액을 기부할 수 있는 가문을 늘 찾았다. 스탠퍼드의 동급생들은 나와 사귀고 싶어했는데, 흑인 친구를 사귀는 게 유행을 선도하고 멋지며 재미있는 일이라고 여겼기 때문이다. 그들은 내 형편으로는 갈 수 없는 비싼 휴가지나 스키 여행에 나를 초대했다. 비용은 자신이 부담하겠다고 제안했다. 나는 결코 그 초대를 받아들이지 않았다. 기숙사가 문을 닫는 명절 기간이면, 나와 처지가 비슷한 친구들과 함께 지낼 만한 곳을 찾아다녔다. 다들 돈이 많아서 휴가를 가는 게 당연한가보다고 우리끼리 모이는 자리에서 말하곤 했다. 직원들도 명절에는 학교를 쉬므로 모든 학생이 그동안 어디든 가야 했다. 가끔 휴가를 가지 않는 직원이 있으면 기숙사에 남아 있어도 괜찮았다. 한번은 학교의 여자 청소노동자의 집에 가기도 했다.

어머니는 가욋돈이 필요하면 이따금 가정부 일을 했다. 집밖에서 일을 하겠다는 어머니의 결심을 아버지는 반역죄처럼 생각했다. 스탠퍼드에 온 후 정기적으로 기숙사 방을 청소해주는 청소노동자들이 있다는 사실에 깜짝 놀랐다. 아무도 나 몰래 청소를 하지 않았고 나도 그들이 그러는 걸 원치 않았다. 첫번째 기숙사 룸메이트는 노동계급 출신의 백인 학생이었다. 오렌지 카운티 출신의 그 친구는 『세븐틴』 잡지 모델이라고 해도 믿을 정도로 정말 예뻤다. 그 친구는 고등학교 때 어머니가 암으로 돌아가신 후 아버지와 단둘이 살았다고 했다. 흑인 룸메이트여도 괜찮을지 학교측에서 먼저 확인했다고 했다. 나처럼 장학생이었던 그녀는 자기 의견이 별로 중요하지 않다는 사실도 잘 알았지만 그게 아니더라도 그리 대수롭게 여기지 않았을 거라고 내게 항상 말했다.

여대 신입생 시절에 어울린 친구처럼 그녀도 가진 자들의 세계에서 그렇지 않은 자들이 어떻게 사는지 충분히 잘 알았다. 하지만 나와 달리 그녀는 가진 자들의 세계에 끼기로 결심했다. 그 결심 때문에 그들처럼 보이기 위해 옷을 훔쳐야 한대도 그녀는 아무 고민 없이 그런 위험을 감수했다. 그 결심 때문에 부자 남자친구가 종종 멍이 들도록 때려도 감내했다. 사기를 쳐도 괜찮다고 믿었다. 그녀는 특권층이 만든 세상은 모든 것이 불공평하다고 믿었다. 온 세상이 커다란 거짓말이므로 남보다 앞서가려면 게임을 해야 했다. 그녀는 나를 순진하고 언젠가는 도살될 불쌍한 양으로 여겼다. 서로 충돌하는 가치와 열망에 치여 내가 서서히 지쳐가도 그녀는 눈 하나 깜짝하지 않았다.

다른 저학년 학생들처럼 나도 학교 상담사를 찾아가 기숙사를 떠나도 된다는 허가를 받아야 했다. 낯선 사람들에게 둘러싸이는 상황에, 특히 나와 가치관이 다르거나 내 가치관을 이해하지 못하는 낯선 사람들과 함께 지내는 기숙사 생활에 도저히 익숙해지지 않았기에 너무 힘들었다. 실제로 내 주변에는 노동계급에 속한 사람들은 아예 가치관을 갖지 않는다고 믿는 사람이 태반이었다. 같은 공간에서 다양한 계층과 계급의 사람들이 모여 공부하기를 꿈꾸며 릴런드 스탠퍼드가 설립한 대학에서 나는 오히려 특권계급에 속한 사람들이 노동계급을 얼마나 두려워하고 미워하는지 뼈에 사무치도록 깨달았다. 부유한 환경에서 성장하지 못한 친구들에게 동급생들이 멸시와 증오를 표출하는 모습을 보고 큰 충격을 받았다. 순진하게도 그들이 어려서 그런 견해를 가진다고, 인생의 경험을 쌓지 못했기에 이런 생각을 지지하고 타당하게 여긴다고 믿었다. 나는 언제나 일을 했다. 노동계급의 사람들은 항상 나를 격려하고 지지해주었다.

계급으로 나뉜 이 새로운 세상에서 살아남으려면, 생전 처음 만난 부르주아 흑인 엘리트들도 백인 엘리트만큼이나 노동계급을 멸시하는 이 세상에서 살아남으려면, 나는 당당히 버텨야 했고 내가 속한 계급과의 관계부터 바로잡아야 했다. 그 사실을 직시하기가 가장 힘들었다. 그때까지만 해도 인종차별을 없애기 위해 당연히 흑인끼리 연대해야 한다고 배웠기에, 흑인 엘리트들이 자신과 같은 계급도 아니고 생활방식도 다르다는 이유로 다른 사람들을 경멸하는 모습을 어떻게 받아들여야 할지 갈피를 잡을 수 없었다.

나는 스탠퍼드대학에서 생전 처음 흑인 이주자들을 만났다. 흑인 교수님 몇 분이 아프리카와 카리브해 출신이셨다. 엘리트인 이들은 엘리트 학생을 가르치는 데만 관심을 쏟았다. 나처럼 가난하고 내세울 배경도 없는 학생은 투명인간과 매한가지였다. 우리는 그들에게도 그 누구에게도 보이지 않는 존재였다. 처음에는 흑인 학생들을 환영하는 모임을 여기저기 찾아다녔지만, 소통할 만한 사람을 찾지 못하고 발길을 끊었다. 또다시 그늘에 몸을 숨기고 계급의 본질에 관해, 흑인이 어떻게 흑인으로부터 멀어져나가는지 깨우치기 위해 책을 읽으며 시간을 보냈다.

이렇게 서툴게 각성했음에도 불구하고, 나를 이해해줄

만한 다른 학생들과 어울리지 못하는 자신에게 실망하면서도 여전히 소통할 사람을 찾아다녔다. 그러던 어느 날 노동계급 출신인 연상의 흑인 남자 대학원생을 만났다. 캘리포니아에서 영재고등학교를 나온 후 프린스턴대에서 학부과정을 마친 그는 인종과 계급의 교차점을 잘 파악하고 있었다. 운동도 공부도 잘했기 때문에 일찍이 그 어떤 흑인 남학생도 이루지 못한 지점까지 다다를 수도 있었다. 그는 체제도 잘 이해했다. 학문 연구가 그의 적성에도 맞았다. 마음만 먹으면 엘리트 무리에 낄 수도 있었지만 그는 경계인으로 살기로 결심하고 지적인 전위예술가들과 어울렸다. 그는 인종도 계급도 없는 지성의 세계에 살고 싶어했다. 예술과 지식의 왕좌에 경배드리고 싶어했다. 그는 나의 멘토이자 동지이자 친구가 되었다.

책이나 시에 빠져 있지 않을 때는 일자리가 꼭 필요한 현실 세계에서 악전고투했다. 임시 강의도 맡았지만 재미없는 일도 많이 했다. 서점이나 클럽 주방, 전화 회사 같은 곳에서도 일했다. 다른 사람의 집을 청소하는 가사도우미 같은 지저분한 일을 하지 않으려면 교사가 되어야 했다. 생각만 해도 끔찍했다. 초등학교 때부터 줄곧 교실이 무섭고 싫었다. 내 상상 속에서 교실은 여전히 편가르기와 따돌림, 엄한 규율과 처벌이 이뤄지는 장소였다. 괴롭힘과 폭력의 충동을 억제할 만한 혈연관계조차 없었기에 교실에서의 시간이 독재적인 분위기인 집보다 더 지독했다.

가끔이지만 어떤 헌신적인 교수님 덕에 교실이 열정과 가능성으로 충만한 공간일 수도 있다고 느끼기도 했다. 하지만 대부분 내가 다녔던 여러 대학에서 교실은 사회적 서열을 따르는 공간이었다. 대학원 시절 내내 나는 대학원생다운 점잖음이 부족하고 자기 자리를 잘 모른다는 지적을 몇 번이나 받았다. 노동계급 출신이면서도 과거와 결별하지 않는 학생이 학계에 설 자리가 없음을 서서히 깨우쳤다. 새로운 세상에 들어갈 입장권을 받으려면 그 대가로 과거와 결별해야 했다. 가난한 학생은 옛 추억을 기꺼이 버리고, 과거를 잊고 가치와 의미가 담긴 유일한 현실인 현재에 동화될 각오를 해야만 최고 수준의 고등교육기관에서 환영받을 수 있었다.

과거를 잊고 싶어하지 않았던, 출신이 그저 그런 학생들은 신경쇠약에 자주 걸렸다. 그들은 자기네가 맞서야 하는 온갖 모순의 무게를 견디지 못했다. 그들은 폐인이 되어갔다. 결국에는 자신들이 어떤 내면의 고통을 겪었는지 아무런 기록도 남기지 않은 채 학교에서 자취를 감추었다. 세상에 대한 그들의 견해가 계급과 특권을 쥔 엘리트적 시각에 의해 수없이 공격받았음은 학적부 어디에도 기록되지 않았다. 학비를 비롯해 여러 가지 지원을 받았으나 학업을 계속할 수 없었다는, 다시 말해 자질이 충분하지 않았다는 기록만 남았다.

학교에 다니면서 나는 한 번도 졸업식 때 행진하지 않았다. 끊임없이 멸시를 당하고 모욕을 받으며 다닌 학교에서 받은 학위가 하나도 자랑스럽지 않았기 때문이다. 내가 겪은 일을 잊고 의식에서 지우고 싶었다. 감옥에서 풀려난 사람처럼 대학에서 보낸 그 시절을 잊고 싶었다. 마침내 박사 학위를 땄을 때, 내가 어떤 사람이 된 것인지 나조차 확신할 수 없었다. 내가 자라면서 최고로 소중히 여긴 가치이자 나의 가장 소중한 부분인 근면과 정직, 출신에 얽매이지 않고 모두를 존중하는 마음을 간직하면서 학업을 마칠 수 있을까 언제나 의심했지만, 결국 노동계급에 대한 충성을 온전히 유지할 수 있었다. 그렇기는 하나 나는 계급적 특권을 쥘 만한 길에 발을 들였다. 그곳에서는 온갖 모순이 나를 기다릴 터이다. 계급 문제를 다루면 대립을 피할 수 없을 것이다. 언제나 내가 어디에 서 있는지 내 위치를 다시 살펴야 한다.

3장

# 계급과 단순하게 살기의 정치

교회에 가면 가난한 사람들에게 공감하라는 설교를 들었다. 자라면서 계급에 대해 들은 이야기는 그 정도에 불과했다. 빈자는 단순하게 살기의 지혜를 체화한 선택받은 이로 신성에 더 가까이 다가갈 수 있다. 중학생 때, 아침기도 시간이면 교회에서 신도들에게 가난한 사람과 물질적 행복의 수단이 없는 모든 이와 우리가 하나임을 인정하라는 마태복음 말씀을 발췌해 낭독했다. 우리가 주님 앞에 섰을 때 천사들이 주님 곁, 영광의 보좌에 함께 자리한 날을 묘사한 마태복음 25장을 읽었다.

성경에서는 최후의 심판일에 "모든 민족을 그 앞에 모을" 것이라고 말했다. 공동체에 참가한 증인들 앞에서 가난하고 곤궁에 처한 사람들을 긍휼히 여기고 보살핀 사람들은 주님과 함께 살도록 선택받을 것이다. 선택받지 못한 사람들에게 주님은 이르셨다. "저주를 받은 자들아, 나를 떠나 마귀와 그 사자들을 위하여 예비된 영원한 불에 들어가라. 내가 주릴 때에 너희가 먹을 것을 주지 아니하였고 목마를 때에 마시게 하지 아니하였고 나그네 되었을 때에 영접하지 아니하였고 헐벗었을 때에 옷 입히지 아니하였고 병들었을 때와 옥에 갇혔을 때에 돌보지 아니하였느니라." 그러자 선택받지 못한 자들이 이렇게 물었다. "주여, 우리가 어느 때에 주께서 주리신 것이나 목마르신 것이나 나그네 되신 것이나 헐벗으신 것이나 병드신 것이나 옥에 갇히신 것을 보고 공양하지 아니하더이까." 이에 주님이 "내가 진실로 너희에게 이르노니 이 지극히 작은 자 하나에게 하지 아니한 것이 곧 내게 하지 아니한 것이니라"라고 하셨다. 가난하고 학대받는 사람들을 동정하지 않고 그들을 보살피지 않으면 모든 권한을 박탈당하는 고통을 겪을 것이다.

나는 이 구절의 의미를 머리와 마음으로 모두 명확하게 이해한 후에야 비로소 신자들 앞에 서서 이 구절을 읽도록 허락받았다. 신앙을 선언하고 영성의 길로 들어선 사람들은 가난한 사람과 손을 잡기로 정한 것이다. 마태복음에는 우리가 가난한 사람을 도울 때는 개인적인 영예나 대가를 바라지 말고 사려 깊게 베풀어야 한다는 가르침도 나온다.

신중하지 않으면 궁핍으로 고통받는 사람에게 쓸데없는 관심이 쏠리고, 혹여 그 사람들이 조롱이나 경멸 혹은 수치를 당할 수도 있다. 조심스럽게 베풀려면 감사나 대가를 바라지 않는 것이 최선이었다.

교회에 가면 성령이 축복을 내린 이 신성한 장소에 발을 들이는 순간 우리는 하나라는 가르침을 귀에 못이 박히도록 들었다. 어릴 때만 해도 우리 중에 누가 가난한 사람인지 몰랐다. 한 사람이 벌어오는 노동 소득으로 아이 일곱, 어른 둘이 생활하는 대가족의 일원이었던 나는, 우리가 물질적 측면에서 때때로 가난하다는 사실을 잘 몰랐다. 우리가 살던 세상에서 자원을 함께 나누는 일은 다반사로 벌어졌다. 가난한 사람이 바로 우리라고 말해야 하는 필요성에 대한 믿음의 직접적인 소산이 바로 공유였다.

가난한 사람에게 연대감을 드러내는 건 진정으로 숭고한 행위로, 공동체의 참뜻을 배우고 계급과 차이의 벽을 허무는 데 필요한 자원을 공유하는 방법이다. 내가 자란 공동체에서는 아무도 자본주의에 관해 말하지 않았다. 민주주의를 위해 세계를 안전하게 지켜야 한다는 이야기는 떠돌아서 공산주의라는 단어는 알았다. 그런 분위기에서 공산주의는 명백한 위협 요소였다. 아무도 자본주의가 어떻게 돌아가는지 말하지 않았다. 자본주의 사회에서는 곳곳에 실업이 만연하는 상황을 만드는 잉여 노동력이 존재해야만

한다는 사실도 말하지 않았다. 고도로 발전한 자본주의 경제 성장으로 가는 길을 노예제가 닦는다는 사실도 아무도 이야기하지 않았다.

데이비드 힐피커는 자본주의의 영향력을 삶에 관한 기본적인 전제를 세우는 힘으로 규정하는 「우리의 신들에게 이름 붙이기Naming Our Gods」라는 논고에서, 한 집단에는 물질적 부를 쌓으라고 장려하면서 다른 집단에는 정반대 일을 독려하는 경제체제에 충성하는 세력에 어떻게 하면 기독교 윤리를 통해 직접적으로 맞서는지 강조했다. 도시 빈민을 보살피는 의사로 활동한 그는 이렇게 썼다. "우리 일은 어떤 이유로든 이 사회에서 소외된 사람들을 보살피고 그들과 하나가 되라는 신의 소명을 바탕으로 한다."

나는 어린 시절 내내 우리집에서든 공동체에서든 자원은 나눠야 한다는 믿음을 충실하게 실천하는 모습을 보고 자랐다. 어머니가 우리에게 음식이나 옷가지를 이웃에게 갖다주라고 시킬 때면 우리는 투덜거렸다. 가장이 혼자 벌어 대가족을 먹여 살리느라 가계가 빠듯하다거나 그 와중에 우리 아버지가 그랬듯 가장이 월급 대부분을 자기 몫으로 써버리는 바람에 상황이 어려워졌음을 알아차린 선한 사람들에게 선물을 받아오라고 시키면 불평했듯이 말이다. 우리 공동체의 여자들은 이런 상황을 잘 이해하고 민망하거나 수치스러운 상황을 겪지 않고도 서로 돕고 나누면서 생활하는 최상의 네트워크를 만들었다.

가난한 사람과 손을 잡으라는 신의 가르침, 그리고 세속적인 현실에서는 가난한 사람이 종종 괴롭힘과 굴욕의 대상이 돼 수치심을 느낀다는 사실을 인정하는 일 사이에서 필연적으로 마찰이 생겼다. 종교생활을 하는 사람 중 가난한 사람을 돌보면서도 실제로 가난해지고자 하는 사람은 아무도 없다. 동정이나 수치의 대상이 되고 싶어하는 사람은 아무도 없으니까. 『수치심으로부터 나오기*Coming Out of Shame*』에서 수치심이 자아에 어떤 영향을 미치는지 분석한 거션 코프먼과 레브 래피얼도 이러한 의견이었다. "개인이든 사회적 수준에서든 분석되지 않은 수치심은 내적 일체성을 깨닫고 타인과 진심으로 소통하는 데 엄청난 걸림돌이 된다. 왜냐하면 수치심 때문에 우리의 초라하고 무가치하고 모자란 모습이, 다시 말해 말로 다 할 수 없을 정도로 심각한 열등함이 드러나기 때문이다." 한편에서는 영적인 관점에서는 가난한 사람을 선택받은 사람, 신에 더 다가간 사람, 신이 더 소중히 여기는 사람으로 여기라고 배우지만, 다른 한편으로는 교회 밖 실제 세상에서 가난은 절대 축복이 아님을 우리는 안다. 가난하다는 사실이 수치심을 불러일으키는 근원으로 비치므로 이를 축복으로 받아들일 수 없는 것이다.

가난한 사람과의 연대는 수치심에 개입하는 행동이다.

이는 가난한 사람에게 무조건 너그럽고 좋게만 대해야 한다는 것이 아니다. 최대한 단순하게 사는 모습으로 표현해야 한다. 당신이 부유함에도 단순하게 살기로 결심한다면 가난한 사람과 더 많은 것을 나눌 수 있다. 데이비드 힐피커는 미국 역사의 초기를 의사가 가난한 사람을 돌보는 사람으로 여겨지던 시절이었다고 말한다. 그런데 최근 들어 힐피커는 자신이 가난한 사람과 함께한다는 이유로 '성자'처럼 여겨진다는 사실을 깨달았다. 그는 이렇게 자신의 통찰을 공유했다. "마리아와 나의 수입(약 4만 5천 달러)이 이 나라의 평균 소득을 상회한다고 밝혔음에도 불구하고 사람들은 내가 무슨 특별한 희생이라도 하는 것처럼 생각한다. 그래서 나는 대부분의 사람이 꿈만 꾸는 다양한 방법으로 공동체와 의미 있는 직업을 통해 소기의 이익을 거두고 있다고 똑똑히 밝혔다." 단순하게 살자고 말하면 사람들은 대개 터무니없는 짓이라고 여긴다. 대부분의 사람들은 안전하게 살려면 물질적인 부를 최대한 쌓아둬야 한다고 믿는다.

1950년대 말에서 1960년대만 해도 이 나라에서 가난한 사람을 무조건 멸시하는 일은 흔하지 않았다. 어린 시절 우리 형제는 다른 사람을 깔보는 행동은 죄악이라고 배웠다. 가진 것이 많아도 그게 그 사람의 내면을 알려주는 게 아니라고, 그 사람이 자애로운지 용감한지 명예로운지는 알 수 없다고 늘 배웠다. 우리는 부유한 겉모습에 속지 말고 그 사람의 내면을 들여다보라는 가르침을 들으며 자랐다. 이웃과 서로 다 알고 지내는 작은 공동체에서 자란 어린 시절에는 그 가르침을 따르기가 쉬웠다.

대학 시절 나는 좀더 직접적으로 계급 문제와 맞서게 됐다. 신분 상승을 꿈꾸는 많은 노동계급 출신의 학생들과 마찬가지로 나도 대학에 들어오기 전까지는 개인적으로 부자를 만날 기회가 없었다. 나는 고등교육이란 학문에 정진하고 동지애를 쌓아가는 낭만적인 과정이라는 생각을 품고 있었다. 노동계급 출신의 학생들이 대개 그렇듯이, 나도 학문의 장에 들어선 계급 구조와 마주칠 준비를 미처 못 했거나, 교실 내에서의 지식이 지배계급의 이익을 보호하려 편향된 경향에 대해 무지했다. 『낙원의 이방인들—노동계급 출신의 학자들*Strangers in Paradise: Academics from the Working Class*』이라는 선집을 보면 칼 앤더슨이 이와 비슷한 경험을 토로했다. 그는 대학원에서 "동급생과 교수 대부분의 의식을 탐욕이 지배한다는 사실을 깨닫고" 크게 충격에 사로잡혔다. 우리와 마찬가지로 그도 가난한 사람과 노동계급을 다루는 문학 수업에서조차도 "사회적 계급은 당연히 거의 언급되지 않았다"고 회고했다. 우리 학교에서도 계급 이야기를 할 때면 가난한 사람과 노동계급에 대해 부정적인 고정관념만 거론했다.

가진 돈과 지위로만 모든 활동에서의 위치가 정해지는 비싼 대학교에 입학한 후, 계급적 배경 때문에 나는 동급생들에게 호기심과 조롱, 심지어 멸시의 대상이 되었다. 가끔 내 계급이 수치스러웠다. 가끔은 음식 때문에 그랬다. 다른 사람은 모두 잘 아는 음식을 나만 모를 때면 부끄러웠다. 이런 수치심은 나타났다가 사라지곤 했다. 하지만 이내 동급생들이 노동계급 사람들의 삶에 대해 전혀 알려고 하지 않는다는 사실을 깨달았다. 그들은 가난한 사람을 알려고도 동정하려고도 하지 않았다. 그러니 가난한 사람과의 연대에 관심을 가질 리 만무했다.

자신을 사회주의자로 여긴 학생들은 가난한 사람에게 관심을 갖는다기보다 자신이 길잡이이자 구원자로서 그들을 이끌어가고자 할 뿐이었다. 내가 종교적 가르침을 통해 배운 연대의 이상은 결국 가난한 사람에 대한 온정주의 때문에 도전받을 수밖에 없었다. 영적인 관점에서 보자면, 가난한 이들은 과격한 행동과 선언이 아니라 우리에게 직접 모범을 보임으로써 우리를 안내하고 이끌기 위해 존재한다. 학창 시절에 나도 마르크스와 그람시를 비롯해 계급 문제를 다룬 남성 사상가들의 저작을 많이 읽었다. 하지만 모두 이론적인 패러다임만 제시할 뿐 일상생활에서 접하는 복합적인 계급 문제에 맞설 수단을 제시하는 경우는 드물었다.

한편, 해방신학자들의 글은 나도 이해 가능한 방향과 근접했다. 좌파가 이들의 주장에 이론적 배경을 제시했다는 이야기도 종종 나오지만 해방신학자들은 가진 자와 그렇지 못한 자 사이의 구체적인 관계에 더 집중한다. 진보신학은 내가 어렸을 때부터 배운 것처럼 가난한 사람과의 연대의 중요성과 이를 말과 행동으로 표현해야 함을 강조한다. 데이비드 힐피커도 이와 비슷한 주장을 했다. 그는 억압적인 자본주의에 대한 믿음을 마치 종교처럼 여기는 문화를 만들어낸 부와 밀접한 생활방식에 주목하라고 촉구했는데 이는 진보신학과 공명하는 부분이 있다. “이 지경이 된 것은 우리 자신의 선택이었다는 점을 잊어서는 안 된다. 현대 자본주의도 경제적 원칙도 필요한 자원을 부에 따라 배분하라고 요구하지는 않는다. 현대의 ‘자본주의적’ 경제체제는 필요한 자원을 제공하기 위해 세금이나 사회보장제도 같은 부의 이전으로 쉽게 개선될 수 있다.” 이제 미국 국민 대다수는 자원을 공유하는 것을 더는 중요한 가치로 여기지 않는다. 리처드 포스터는 통찰력이 빛나는 저서 『단순함의 자유*Freedom of Simplicity*』에서 가난한 사람과의 연대는 가난에 대한 기독교적 가르침의 핵심에 존재하는 연대의 이상이라고 지적했다. “로마서 12장에서 바울은 단순하게 살아가는 사람들의 공동체를 아름답게 묘사했다. 성령의 선물에 관한 가르침을 전하기 위해 바울은 우리가 어떻게 살아야 할지에 대해 무척이나 현실적으로 설명했다. 우리는 성자들이 필요로 하는 것을 주어야 하며 항상 호의를 베풀어야 한다. 우리는 다른 사람의 감정에 공감할 수 있어야 한다. 누군가가 즐거워하면 함께 즐거워하고 슬퍼하면 함께 눈물 흘려야 한다. 우리는 계급과 지위의 고하를 뛰어넘어 낮은 곳의 사람들과도 자유롭게 어울려야 한다." 1960~1970년대에 대안적인 삶을 추구했던 미국인들의 상상력을 이처럼 이상적이고 단순한 삶이 사로잡았지만 1980년대 접어들면서 미국을 뒤덮은 쾌락적 소비지상주의 때문에 영향력이 사그라들었다.

한때 미국 국민 대부분은 부와 탐욕, 질시의 위험성을 경고하는 종교적 가르침을 배웠다. 어린 시절에 가난한 사람을 동정하도록 배운 것처럼, 부를 추구하는 태도가 위험하다는 사실도 명심하도록 배웠는데, 부가 사람을 나쁘게 만들어서가 아니라 자기밖에 모르는 병적인 자기도취의 길로 이끌 수 있기 때문이었다. 그런 길을 걷는 사람은 공동체에서 반드시 몰아내야 했다. 종교적 가르침에 따르면 인생의 가치를 이익이라는 잣대로만 평가할 수는 없다. 마태복음은 우리에게 이런 가르침을 전한다. "온 세상을 얻는 대신 영혼을 잃는다면 좋은 것이 다 무슨 소용인가?"

국가적인 규모로 보았을 때, 가난한 이에 대한 태도는 1970년대부터 바뀌었다. 느닷없이 공동체의식이 사리사욕의 추구로 대체되었다. 열심히 일하거나 편법을 찾아내면 누구나 손쉽게 부자가 될 수 있다는 사상이 대중에게 인정받으면서 가난한 사람을 경멸하는 태도가 우리 문화에 전방위로 침투했다. 가난한 사람에 대한 태도의 변화는 전통적인 종교적 믿음의 평가절하와 연결된다. 뉴에이지 영적 사상이 추진력을 얻긴 했으나 가난한 사람들의 역경을 자업자득이라고 '비난'하며 부자들에게 면죄부를 주는 경향이 두드러졌다.

뉴에이지 사상은 부의 축적을 경계하던 전통적인 기독교적 가르침을 실제로는 뒤집어, 가난한 사람들은 자유롭게 가난해지기를 선택했을 뿐 아니라(저마다 수많은 방식으로 자신의 운명과 지위를 선택해 살아가므로) 경제적인 풍요로움이야말로 신의 축복이라고 강조했다. 탐욕에 대한 비난은 부에 대한 뉴에이지 사고방식과 부합하지 않는다. 탐욕과 착취에 대한 담론은 거의 찾을 수 없다. 뉴에이지 사상을 담은 글에서 볼 수 있는 최악의 이야기는, 사람은 누구나 자기 운명을 스스로 선택했으므로 가난하고 박탈당한 사람들의 운명을 부자들이 책임질 필요가 없다는 것이다.

특히 정부와 대기업, 언론을 장악한 무정한 부자와 권력자는 예나 지금이나 모든 책임을 가난한 사람에게 떠넘기고 가난을 무가치한 상태와 동일시하는 캠페인의 선봉에 서 있는 한편, 부자가 아닌 수많은 시민은 이들에게 동조한다. 가난한 사람에 대한 모욕은 복지 시스템을 겨냥한 지속적인 공격과 적절한 경제적 대안을 제시하지 않은 채 복지 시스템을 해체하려는 각종 계획을 통해 무엇보다 극명하게 드러난다. 탐욕에 물든 중상류층이 부유층과 함께 가난한 사람을 향한 증오와 경멸을 어찌나 키우는지 이제는 병리적인 히스테리 현상이 될 정도다. 이들은 자기 계급의 이익을 계속 지켜나가도록 가난한 사람이 기생충이자 약탈자라는 믿음을 영구화했다. 그 결과, 이런 탐욕으로 인해 수많은 사람이 의식주라는 기본적인 욕구를 충족하기 위해 기생충처럼 행동할 수밖에 없는 상황이 만들어졌다.

물질적으로 풍요로운, 그러니까 돈이 더 많은 사람이 그밖에 모든 것을 더 가질 수 있는 상황을 '삶의 진실'로 여기는 사람이 점점 늘고 있다. 힐피커의 주장을 들어보자. 현재 "이러한 주장이 우리의 가치체계에 깊숙이 침투한 나머지" 사람들은 어떤 식으로든 물질적으로 부족한 상황이 각 개인의 책임이라고 믿게 되었다. 그 결과 "자유 시장 경제의 핵심적인 원칙이 어느새 불공평을 의미하는 공식이 되었다". 힐피커는 계속 주장한다. "다시 말하지만 우리 중 소수는 세계가 이런 식으로 돌아가야 한다고 진심으로 믿는다. 어떤 사람들은 부에 따라 사치품을 분배해야 한다고 생각할지도 모르나 음식이나 집, 기본적인 교육, 보건을 비롯한 필수품이 개인의 부에 따라 배분되어야 한다고 믿는 사람이 얼마나 될까? 그런데도 우리가 만든 사회는 심지어 이런 필수품조차도 돈을 얼마나 가졌느냐에 따라 배분한다." 힐피커와 달리 부를 기준으로 모든 것을 분배해야 한다고 믿는 사람이 무척 많다. 특권계급만 이렇게 생각하는 건 아니다. 언론이 세뇌를 서슴지 않아 노동계급과 빈곤층 역시 이러한 생각을 내면화한다.

오늘날 미국에서 가난하다는 것은 조소와 멸시의 대상이 될 위험에 언제나 처해 있다는 점을 의미한다. 가난한 이를 동정하는 사회적 풍조가 없다면 지배계급은 이들에게 테러와 학살을 가할 수 있다. 모든 연령대의 개인이 매일 영양실조와 기아로 고통받는 사회적 조건을 만들어 이를 유지하는 것은 일종의 계급 전쟁인데 이는 이 사회에서 점점 더 간과되고 있다. 대규모 저소득층 주택단지가 무너졌지만 그곳에 살던 주민들이 이주할 곳을 찾지 못했다고 해도 의문을 제시하거나 문제를 지적하는 사람이 아무도 없다. 언론에서는 그곳 주민들이 이런 건물은 어서 헐어버려야 한다고 말하는 인터뷰만 내보낸다. 튼튼하고 저렴한 공공주택이 새로 필요하다고 강조하는 인터뷰를 대중이 들을 일은 당연히 없다.

계급 배경에 상관없이 각자 자신의 경제적 번영을 좇으라고 권하는 요즘 같은 시기에 가난한 사람과 연대하기란 쉽지 않다. 곤궁한 사람에게 이용당할지도 모른다고 두려워해 특권계급 사람들이 그들에게서 등을 돌린 경우도 많았다. 빈부격차가 커지면서 가난한 이들과의 연대를 촉구하는 목소리는 가난한 사람들을 조롱하고, 비하하고, 깎아내리는 주류 보수주의자 세력의 목소리들 사이에서 묻혀버린다. 가난한 이들에 관한 관심 부족은 무엇보다 좌파가 이런 현실을 무시한 채 권력자들의 비리만 신경쓸 때 더욱 심해진다. 가난한 이들에게 가해지는 전략적 괴롭힘과 그들의 사기 저하를 고민하면서 한편으로는 지배계급에 대한 강력한 비판을 멈추지 않는 좌파정치, 즉 계급 전쟁에 효과적으로 개입하는 세심한 좌파정치가 우리에게 필요하다.

안타깝게도 자본주의 문화에서는 부자와 빈자가 소비에 대한 집착을 공유하며 힘을 합치는 경우가 잦다. 특히 가난한 사람들이 과잉에 더 심하게 중독되는데, 계급으로 인한 수치심에서 벗어나는 길은 확실한 소비뿐이라는, 미디어나 일상생활에서 흔히 접하는 강력한 메시지에 누구보다 취약하기 때문이다. 광고나 대중문화에서 드러나는 프로파간다에 따르면 가난한 사람이 부유한 사람과 같은 물건을 소유하면 그들과 동등해질 수 있다. 이를 통해 우리가 지금 사는 사회에는 계급이 없다는 헛된 인식이 강화된다. 가난한 이들이 이러한 가치관을 받아들여 내면화할 경우, 그들 스스로 탐욕에 사로잡히고 착취를 자행하게 된다. 물질적으로 유복한 사람이 차를 타고 가난한 동네를 지나가다가 비싼 자동차를 봤다거나 그곳 사람들이 정크푸드를 입이 미어터지게 먹는 모습을 봤다는 말을 한 번쯤 들어보았을 것이다. 이런 이야기야말로 가난한 사람들에 대한 모욕이자 동시에 모두 가난한 사람들의 팔자 탓이라고 치부하는 부유한 사람들의 모습이다.

돈이 모든 가치의 척도이며, 사람이든 물건이든 뭐든 돈으로 살 수 있다고 믿는 문화에서는 다양한 가치가 존립하기 어렵다. 힐피커는 이렇게 믿는다. "이런 사회에서 가난에 맞서서 사회적 힘을 동원하려면 빈곤 지역과 감옥에 대한 대안, 예방의료에 투자하면 비용을 얼마나 줄일 수 있는지 보여주는 수밖에 없다. 다시 말해, 빈곤의 비용편익을 분석해 보여줘야 한다." 이런 전략도 중요하나 남보다 덜 가진 사람을 볼 때 자신이 남보다 더 많이 가지고 있다는 짜릿함을 강하게 느끼는 사람이 많다는 사실부터 인정해야 한다. 이런 맥락에서는 낭비가 문제가 아니다. 자원을 공유하는 편이 경제적으로 더 효율적일지라도 탐욕에 물든 많은 사람은 자신이 그걸 거머쥐어야 힘이 생긴다고 믿는다.

자원을 공유하자는 주장은 부유한 사람들에게 불필요한 죄의식을 유발하는 징조로 점점 더 경시된다. 자원을 공유하고자 하는 사람들은 가난뱅이들에게 이용당하는 상황을 생각해보라는 충고를 듣는다. 물론 부유한 이가 물질적인 도움이 필요한 사람에게 손을 내밀었다가 자신의 선의가 이용당했다는 사실만 깨닫는 경우도 있다. 이렇게 본의 아닌 피해를 입으면 종종 보살핌과 지원 전략을 재검토해서 어떤 방법이 가장 도움이 될지 찾는 대신 가난한 사람부터 비난한다. 부자들이 자신들은 새것이나 가장 좋은 것만 쓰면서 '관대함'을 보여준답시고 헌옷이나 낡은 물건을 나눠준다 한들 가난한 사람들도 무턱대고 고마워하지만은 않는다. 이런 형태의 자선은 종종 역효과만 낳는다. 겉으로는 '순진해' 보이는 행위지만 그 이면에는 생색을 내며 수치심을 주려는 심리가 감춰져 있으므로 가난한 사람들은 마음의 상처도 받는다. 그래서 우리 사회의 가난한 사람 중에는 자선 행위를 색안경을 끼고 바라보는 사람이 많다. 가난한 사람들의 인격을 모욕하지 않고도 자원을 공유할 방법은 찾아보면 얼마든지 있다. 더 많이 가진 사람들이 현실적인 전략을 수립해야 한다. 그런 전략 중에는 우리가 온 마음으로 공감하고 진심으로 베풀고 싶을 때 베푼다면 좀더 명확하게 눈에 보이는 것도 있다.

가난한 사람들과 연대하려면 내가 나를 위해 원하는 것을 가난한 사람의 입장에서도 똑같이 원해야 한다. 단순한 생활을 영위함으로써 가난한 이와의 연대를 드러내면서 무절제한 소비를 그만두어야 한다는 인식도 알릴 수 있다. 리처드 포스터는 빈곤과 단순한 삶의 차이점을 이렇게 표현했다. "빈곤과 단순함은 다름을 명심하라. 빈곤은 더 좁은 의미로 쓰이는 용어다. 빈곤은 우아함을 드러내는 한 가지 방편이지만 단순함은 우아함 그 자체다. 물건을 주변에서 치우더라도 마음속으로는 여전히 그것을 그리워할 수도 있다." 개인 차원의 과소비든 전 세계적인 과잉 열풍이든 그 중심을 차지한 끝없는 욕망에 분연히 맞서는 길만이 사방에서 매일같이 쏟아지는 소비에 대한 유혹을 근절할 유일한 방법이다.

언젠가 친구들과 지인들에게 나도 데이비드 힐피커처럼 강의를 그만두고 글쓰기에 전념하겠다고 말하자 이구동성으로 큰 실수를 하는 것이라며, 1년에 2~3천 달러 벌어서는 먹고살기 힘들 것이라며 나를 뜯어말렸다. 4인 이상의 가구가 그 정도 수입으로 생활한다고 지적하자 "그건 다르지"라는 대답이 돌아왔다. 무엇이 다르다는 말인가. 바로 계급이 다르다는 말이다. 가난한 사람들은 원래 더 적은 돈으로 생활할 수 있고 (질 나쁜 옷이나 공산품과 음식 같은) 더 안 좋은 것에도 만족하도록 사회화되었지만, 부자들은 더 많이 가지고, 원하는 것이 생기면 정확히 그것을 손에 넣는 게 옳고도 필요한 일이라고 믿도록 사회화된다.

단순하게 살자는 주장은 이전에도 있었다. 몇 년 전만 해도 이러한 주장은 우리의 앞길을 비춰주는 등불이었다. 그리고 수많은 사람이 공동체적 가치를 받아들여 지금까지 충실히 따른다. 가난한 이들을 약탈계급으로 왜곡시켜 경멸받고 경원시되도록 만드는 것만큼 공동체적 가치를 위협하는 일도 없다. 가난하고 궁핍한 이들을 은밀하게 공격해 말살한다면 부자들의 세계가 더 안전해지리라 믿는 순진한 사람도 있지만 그건 착각이다. 더 강력한 도난 경보기를 달고, 더 많은 감옥을 짓고, 가난한 사람들이 마치 잡혀온 듯 거주하는 강제수용소 같은 빗장 공동체를 구축하는 조치는 봉쇄 같은, 충돌 같은, 전쟁 같은 일상을 반영할 뿐이다. 이런 사회에서 누구든 낯선 사람은, 특히 같은 계급에 속하지 않는 사람은 공포와 적의를 불러일으킨다. 가난한 사람들은 이미 자신이 적절치 않은 곳에 있으면 공격당하거나 부당한 대우를 받을까봐 두려워하며 살기 때문에 이런 상황에 익숙하다.

이 나라에서 폭력과 착취에 효과적으로 대처하고 이를 뿌리 뽑아 공동체적 이상을 되찾으려면 가난한 사람과 연대할 수밖에 없다. 그런 연대를 통해 사람들이 온 세상과 조화를 이루어 살 수 있도록 자애심과 공감의 정신을 쇄신할 연민과 공유의 윤리를 받아들이게 된다.

4장

# 돈에 굶주리다

넉넉지 못한 형편에서 자란 사람이라면 가질 수 없는 것을 갖고 싶을 때, 여윳돈이 없는데 돈이 있어야만 가질 수 있는 것을 갖고 싶을 때의 심정을 잘 안다. 가난한 사람들은 이런 기분을 사무치도록 이해할 것이다. 가난하지 않아도 가족 중 누군가가 탐욕스럽게 굴거나 가족 위에 군림하느라 돈줄을 쥔 집에서 자란 사람 역시 마찬가지일 것이다. 가부장적인 가정에서는 가족 위에 군림한 남성이 기본적인 생활비를 좌지우지해 아내와 자식을 강압적으로 통제하는 모습을 흔히 볼 수 있다. 경제권에 대한 가장의 횡포를 터놓고 이야기하는 경우는 가정폭력이 있을 때뿐이다. 하지만 이 사회에서는 신체적인 폭력을 행사하지 않더라도 주로 가부장적 성향의 가장이 경제권을 쥐는 상황을 당연시하는 가정이 무척 많다. 이런 남자들은 직접 번 돈뿐 아니라 배우자의 수입도 자신이 관리한다. 생필품이나 갖고 싶은 물건을 마음대로 살 정도로 경제적으로 넉넉한 상황이더라도 이러한 가정에서 자란 아이들은 극도의 궁핍함을 느낀다.

우리집도 가부장적인 분위기였는데, 부모님은 가정 경제는 남자가 책임져야 한다고 생각했다. 두 분은 전통적인 성차별을 바탕으로 한 성역할을 고수하셨다. 남자는 밖에서 일하고 여자는 집안일을 담당해야 한다고 믿었다. 아버지는 당신이 얼마를 벌고 그 돈으로 무엇을 하는지 어머니에게 감추었다. 아버지는 어머니가 산정한 금액이 아니라 당신이 필요하다고 생각하는 만큼만 생활비로 내놓았다. 아버지가 준 생활비가 부족할 때마다 어머니는 돈을 더 받으려고 조심스럽게 이야기를 꺼내고, 비위를 맞추고, 가끔은 구걸하다시피 했다.

아버지는 자애로운 가장이 아니었다. 아버지는 가장이란 가족 위에 군림하고 강압적이어야 한다고 믿었다. 한부모 가정에서 어린 시절을 보낸 아버지는 즐거운 시간보다는 힘든 일만 잔뜩 겪으며 자랐기에 가족에게 기본적인 부분만 해결해주면 된다고 생각했다. 이런 태도 때문에 자식인 우리만이 아니라 어머니의 욕구 또한 무시되기 일쑤였다. 어머니는 열심히 일하는 것도 중요하지만 가끔은 소소하게 물질적인 즐거움과 기쁨을 누려야 한다고 생각했다. 아버지는 새 교복과 준비물 같은 것이 왜 필요하느냐고 반응했지만, 가끔은 약간의 사치를 누리고 싶은 우리 마음을 어머니는 이해해주었다. 아버지는 그러는 법이 거의 없었다. 그래서 돈 이야기만 나오면 집에 긴장감이 감돌았다. 그런 긴장감을 공공연한 부부싸움으로 표출하지는 않았지만, 돈이 필요한 일이 생길 때마다 분위기는 싸늘해졌다.

어머니는 쥐꼬리만한 생활비를 아껴서 생활하는 데 도가 트셨다. 어머니는 아버지가 기꺼이 성실하게 일을 해서 가족을 부양하는 남편이라는 사실을 자랑스러워하셨기에 우리를 키우는 동안 아버지의 쩨쩨한 씀씀이를 한 번도 불평하지 않았다. 당신이 드시는 음식보다 훨씬 좋고 비싼 특별 요리를 아버지를 위해 만드실 때도 불평 한 번 없었다. 하지만 돈 문제를 둘러싼 긴장감은 늘 우리집에 잠복해 있었다. 그런 불편한 분위기는 어머니가 아버지의 수입에 전적으로 의지해야 하는 성역할로 표출되었다. 우리가 다 커서 어머니가 부업을 시작하자 아버지는 그나마 주던 생활비도 더 줄여버렸다.

부모님 두 분 모두 앞 세대보다는 경제적으로 더 풍족했다. 아버지는 결혼 후 당신이 쓸 돈이 줄어드는 만큼 가정 내 주도권도 더 줄어든다고 생각했으며 가족을 경제적으로 부양할 책임을 지는 상황을 너무 싫어했던 것 같다. 어머니는 한 번도 독립해서 살거나 직장을 가진 적이 없었다. 그런 어머니에게 남편을 따르는 생활방식은 당연했다. 어머니에게는 그게 여자의 운명이었다. 누군가가 자신을 보살펴준다는 사실은 자부심과 전통적인 힘의 근원이었다. 하지만 그런 자부심도 아버지가 경제력으로 계속해서 가족을 통제하고 가족 위에 군림하자 서서히 무너져갔다. 사회학자인 알리 혹실드가 『시대의 속박 – 직장이 가정이 되고 가정이 직장이 되다*The Time Bind: When Work Becomes Home and Home Becomes Work*』에서 묘사한 수많은 여자처럼, 어머니도 부업을 찾아 일을 했지만, 결국 독립적인 사람이 되지는 못했다. 그래도 부업을 하면서 자존감을 되찾았고 적지만 마음대로 쓸 수 있는 돈을 벌었다.

우리집은 경제적으로 곤궁한 대가족이었기에 나는 아이들이 살림에 얼마나 부담을 주는지 늘 실감했다. 어릴 때는 우리집 형편으로는 버거운 것이 갖고 싶으면 다른 아이들과 마찬가지로 떼를 쓰고, 화를 내고, 마구 졸라댔다. 하지만 우리 부모님은 무척 엄하고 필요하면 벌도 내리셨기에 아이들이 오랫동안 불만을 내색할 수 없는 환경이었다. 우리는 생필품 이외의 물건을 원하면 아르바이트를 해서 돈을 직접 마련해야 한다는 사실을 어린 시절부터 배웠다. 돌이켜 생각해보면 정말 대단하게도 우리가 왜 다른 아이들처럼 매주 용돈을 못 받느냐고 물어봐도 어머니는 집이 가난하기 때문이라고 절대 대답하지 않으셨다. 어머니는 살림이 어렵다는 이유로 결핍감을 드러내거나 실망하거나 분노하지 않았다. 어머니가 보기에 우리는 가난하지 않았고 대가족인 여느 노동자 가족보다 먹는 것도 더 잘 먹었다.

아이들은 아르바이트로 용돈을 벌 수 있었다. 나는 종종 동네 선생님 댁에 '고용되어' 잡다한 집안일을 하거나 연로한 선생님께서 뭔가 필요하실 때를 대비해 저녁 시간 동안 집에 함께하는 식으로 일하며 용돈을 벌었다. 우리 형제는 이렇게 번 돈을 어머니에게 드렸다. 어머니는 그 돈으로 교과서와 생활에 필요한 소소한 물건을 마련했다. 이런 구조에 대해서 우리 일곱 형제의 생각은 제각각이었다. 남동생을 비롯한 몇몇은 자신이 번 돈을 마음대로 못 써서 불만이었다. 어머니는 아버지에게 당하는 것과 똑같은 방식으로 돈 문제로 우리를 좌지우지했다.

어린 시절 나는 돈 문제로 마음에 큰 상처를 입었다. 뭔가가 갖고 싶어도 언제나 참고 그저 상황을 받아들여야 했다. 이룰 수 없는 소망에 매달리느니 그편이 덜 힘들다는 걸 깨달아서이기도 했지만, 다른 형제들과 달리 나는 이 세상에서 책이 제일 좋았고, 책은 도서관에 가면 공짜로 마음껏 읽을 수 있어서이기도 했다. 나는 예쁜 옷이 갖고 싶었다. 어머니는 형편에 따라 헌옷을 살지, 새 옷을 살지 직접 결정했다. 지금 되돌아보면 어머니는 한정된 예산을 어떻게든 쪼개 우리에게 옷을 사주셨지만, 그런 형편을 전혀 내색하지 않았다.

어린 시절 공상의 나래를 펼칠 때면 가난과 금욕주의에 꽤 사로잡혀 있었다. 한때는 종교에 귀의하는 꿈을 꾸기도 했다. 당시 교회에서 배운 가르침이 이런 상상에 불을 지피기도 했지만, 물질에 대한 집착을 버리면 심리적으로 덜 힘들다는 사실을 깨달았기 때문이기도 했다. 형제들과 달리 나는 자전거도 못 탔고 테니스도 못 쳤으며 악기를 연주하거나 자동차를 몰고 싶다는 생각도 없었다. 모두 돈이 드는 일이었다. 집을 떠나 대학에 다니며 계급 특권을 접하게 되자 물욕이 불거졌는데, 이번에도 주로 옷 때문이었다. 내 옷은 늘 내 출신 배경을 그대로 폭로했다. 싸구려에 요란하기까지 했으니까. 서로 옷을 바꿔 입기도 했기에 동급생들이 안 입는 비싼 헌옷을 가끔 받아 입기도 했다. 옷 때문에 평생 처음이자 마지막으로 도둑질을 할까 했던 적도 있었다. 학부 시절 예쁜 옷을 입고 싶었는데 그런 옷은 대개 너무 비쌌다.

노동계급 출신의 백인인 내 룸메이트는 갖고 싶은 것을 늘 훔쳤다. 나는 꿈에도 몰랐지만, 그녀는 종종 나를 미끼로 이용했다. 고급스러운 가게에서 판매원이 흑인 여자아이를 바쁘게 따라다니는 동안, 백인 여자가 쥐도 새도 모르게 물건을 슬쩍했다. '부유한' 학생들뿐인 대학에서 우리는 버티기 힘들었다. (물론 모두 부자는 아니었고 상류계급일 뿐이었지만, 가욋돈이 전혀 없는 우리 입장에서 걔들은 모두 선택받은 엘리트계급 같았다.) 그 시기 나는 충족할 길이 없는 물질적인 욕망과 결핍에 휘둘렸다. 입고 있는 옷을 볼 때면 내가 노동계급이라는 사실이 수치스러웠다. 그러나 그런 시절을 보낸 덕분에 내 형제들을 더 잘 이해할 수 있었다. 원하는 물건을 가질 수 없었을 때의 그 좌절감을 말이다.

모전여전이었는지 나도 적은 돈으로 어찌저찌 생활을 꾸려나갔다. 갖고 싶은 물건은 뭐든 간에 중고 가게에서 찾을 수 있으리라 언제나 자신했다. 나는 싸고 오래된 실크 제품과 캐시미어, 어쩌다 나오는 중고 고급품을 발견할 수 있는 중고 할인점에서 몇 시간씩 물건을 골랐다.

나는 열아홉 살에 가정을 꾸렸다. 아이를 일찍 가질 생각은 없었지만 그래도 한곳에 정착하고 싶었다. 남편은 내가 알아서 집안일을 하는 데 아무런 불만이 없었다. 가사노동은 순전히 페미니즘적인 방식으로 분담했지만, 집을 꾸미고 세간살이를 관리하는 일은 전적으로 내 몫이었다.

나와 마찬가지로 노동계급 출신으로 한부모 가정에서 자란 남편은 쭉 아파트에서만 살았다. 어린 시절을 아파트에서 보낸 사람을 만난 건 그때가 처음이었다. 내가 자란 작은 마을에서는 대개 주택에서 살았다. 저소득층을 위한 주택단지로 지어진 첫 아파트는 듀플렉스* 건물로 이후 등장한 아파트와 전혀 다른 구조였다. 가정을 꾸리고 집을 나만의 성소로 만드는 일이 나에게는 무척 중요했다. 반면 남편은 그런 일에는 관심이 없었다.

당시 둘 다 학생이었기에 우리는 늘 쪼들렸다. 우리는 스스로 노동계급이라고 생각하지 않았다. 그보다는 계급을 초월한 보헤미안 같은 존재로 여겼다. 물건을 새것으로 사거나 부자가 되고 싶지도 않았다. 그냥 마음 가는 대로 하고 싶었다. 그저 읽고, 쓰고, 맛있는 음식을 먹고 싶었다. 책이든, 음반이든, (내 경우에는) 옷을 사는 것 같은 욕망을 탐닉했다. 학자금 융자가 아닌 빚을 처음으로 낸 것도 옷을 사기 위해서였다. 늘 쪼들리는 생활이 지긋지긋해져서 제대로 된 직장을 구하기로 했는데, 그러려면 제대로 된 옷이 필요했다. 학생 신분으로 발급받은 신용카드로 옷을 사면서 나는 감당도 못할 빚에 깔렸다. 우리집에서는 빚은 파산의 시작이었다. 카드사와 수금원들의 전화가 집으로 빗발치자 내 평생 그 어느 때보다도 돈 때문에 마음고생을 하게 되었다. 살면서 그렇게 수치스러운 적도 없었다.

남편은 그런 수치심을 느끼지 않았다. 그는 입버릇처럼 "빚은 미국인들의 생활방식이야"라고 말했다. 그는 돈 때문에 스트레스를 받지 않았다. 돈이 생기면 순식간에 써버

---

• 2세대 건물 혹은 복층 아파트

렸다. 그가 그렇게 돈을 쓰는 게 싫었다. 그도 나처럼 돈 구경하기 쉽지 않은 집에서 자랐다. 시어머니는 구두쇠였는데, 특히 즐기는 데는 한 푼도 쓰지 않았다. 남편은 음반을 산 날이면 힘들게 번 돈을 쓸데없는 데 썼다며 어머니에게 혼날까봐 몰래 숨겨서 집에 들어갔다고 말했다. 그런 집안 분위기에 반항이라도 하듯 그는 돈을 흥청망청 썼다. 우리는 돈 문제로 싸웠다. 그래서 돈 문제로 벌어지는 부부싸움 때문에 이혼하는 경우가 많다는 글을 어디선가 읽어도 전혀 놀랍지 않았다.

돈 문제로 시작된 부부싸움은 내가 집을 사자고 할 때마다 최고조에 달했다. 내 신용점수가 엉망이었기 때문에 남편이 대출을 받아야 했다. 그는 그렇게 큰 경제적 부담을 지고 싶지 않다고 주장했지만 결국 그러기로 했다. 다시는 돈을 무분별하게 쓰지 않겠다는 욕망에 사로잡혀서 돈 관리에 관한 책을 닥치는 대로 읽었다. 어떻게 하면 예산에 맞춰 살 수 있는지 공부했다. 돈을 저축예금에 넣어두면 아무때나 필요할 때 찾을 수 없다는 사실도 배웠다. 그냥 그 계좌에 돈을 넣어두고 잊어야 했다. 우리 부부가 처한 재정 상황을 개선하기 위해 계획을 짜고 매달 나가는 고정비 정도만 돈을 쓰기로 합의를 하고 각자 당좌예금계좌를 만든 후에야 비로소 돈 때문에 싸우지 않았다.

남편의 직장을 따라 계속 함께 이사 다니는 여자들처럼

나도 항상 일을 찾아야 했고 더 좋은 직장을 구하기 위해 대학도 마치려고 애썼다. 나는 한 번도 남편만큼 돈을 벌지 못했는데 심지어 같은 일을 할 때도 그랬다. 내가 강사로 세 과목을 맡아 번 돈은 남편이 교수로 세 과목을 강의해 번 돈의 일부에 지나지 않았다. 우리는 번 돈을 기준으로 재정 계획을 짜기보다 번 돈과 노동에 들인 시간을 합산해서 기여한 만큼 공평하게 쓰기로 했다. 즉, 남편이 더 많은 돈을 벌어왔으므로 항상 나보다 더 이바지한 셈이었다. 그렇지만 내가 수입의 상당 부분을 가정을 위해 쓴 것 또한 사실이었다.

나는 대체로 장시간 일을 하고도 쥐꼬리만큼 급료를 받았는데 그럴 때마다 참 서글펐다. 남편은 종종 일을 그만두고 집에 들어앉아 그렇게 소원하는 작가가 되라고 나를 격려했다. 나는 일을 그만두고 경제적으로 남자에게 묶이는 상황이 너무 두려웠다. 생활비를 볼모로 잡고 가족에게 가부장으로서 권력을 휘둘렀던 아버지에 대한 기억 때문에 남자에게 기댄다고 생각만 해도 겁부터 났다. 물론 남편은 돈에 대한 태도가 아버지와 완전히 달랐지만 그래도 일을 그만두기가 여전히 두려웠다. 페미니즘 관점에서 사고한 점도 경제적 자립이 중요하다는 생각을 강화했다.

일을 하면서 내 능력을 깨달았지만, 그때까지 익숙해진 생활방식을 유지할 정도로는 돈을 벌지 못했다. 12년 넘게

같이 살았던 남편과 갈라선 후 다른 여자들처럼 내 수입도 곤두박질쳤다. 생활방식도 극적으로 바뀌었다. 나는 학자금 대출이 3만 달러 이상 남은 삼십대 중반의 여성이었다. 살고 있던 지역에서 일자리를 못 구해서 그곳에 살 형편도 안 됐고 집을 유지할 수도 없었다. 박사학위를 딴 후 뉴헤이븐에 위치한 예일대학에 자리를 얻었다. 조교수직 월급은 짜고 생활비는 높기로 악명 높은 지역이었다.

혼자가 된 후 재정 상태를 꼼꼼히 뜯어보니 스스로에게 화가 났다. 나는 일을 쉰 적이 없었지만, 여전히 내가 언제까지고 누군가와 관계를 맺으면서 산다는 전제하에 인생을 설계해 내 수입이 부족하면 남편의 수입으로 채우고, 그의 수입이 부족하면 내 수입으로 채운다고 생각했다. 남편이 돈을 더 벌기는 했지만 씀씀이도 더 헤펐기 때문에 상황은 더 심각했다. 내가 아무리 페미니즘을 잘 알고 페미니즘을 바탕으로 사고한대도 정작 내 재정 상황은 10년 이상 남편과 결혼생활을 유지한 여자들과 별반 다르지 않았다. 갚아야 할 돈은 많고 들어올 돈은 쥐꼬리만했다. 이전처럼 생활할 수 없다는 사실도 날 힘들게 했다.

교직에 첫발을 내디딘 그즈음 유일한 걱정거리는 채무상환이었다. 학생도 교수도 대부분 부유한 집안 출신인 아이비리그에서 강의를 시작한 나는 집을 떠나 대학을 다닐 때 겪었던 상황과 별 차이 없는 계급을 둘러싼 다양한 문제와 직면했다. 조교수들은 종종 은행 현금인출기로 돈을 찾을 때는 학생들 뒤에 서지 않는다고 자조적인 농담을 주고받았다. 학생들이 더 돈이 많은 걸 보면 기운이 쭉 빠지기 때문이었다. 한편으로는 월급이 박봉이라고 생각하는 교수들도 가족에게 경제적인 지원을 받거나 언젠가는 유산을 상속받는다는 생각을 품고 살았다. 노동계급 출신에서 특권계급으로 들어온 사람들이 으레 그렇듯이 나도 신탁기금이니 유산이니 하는 것에 대해서 잘 몰랐다. 이런 것을 예일대에서 처음 접했다.

재정적인 면에서 너무 무지했던 나는 가난하고 노동계급 출신의 사람이 그러하듯이 신탁기금과 유산이 어떤 역할을 하는지 생각해본 적이 한 번도 없었다. 가족에게 뭔가를 물려받는다면 빚밖에 떠오르지 않았다. 계급에 대한 논쟁은 주로 돈을 쓰는 일 때문에 떠올랐다. 소득보다 훨씬 더 많은 돈을 빚냈다는 생각을 하면 우울해졌다. 벌써 삼십대인데 경제 사정은 이십대 때나 비슷하다는 사실에 더욱 답답해졌다. 빚을 다 갚고 저축을 하고 싶었다. 비슷한 연령대의 대다수와 달리 나는 과소비하지 않았다. 학부 시절 동급생들은 비싼 음식을 먹고 마시는 데 엄청난 돈을 써댔다. 그런 일에 끼지 않는 나를 동급생들은 괴롭혔다. 그 시절에는 내 경제 상황 때문에 당황도 하고 때때로 수치심도 들었지만 이제는 아무렇지도 않았다. 어차피 우리는 계급적 지위가 다르며 그들과 같은 척하거나 돈에 대해서 그렇게 행동할 수 없다는 점도 잘 알았다. 하지만 계급적 배경이 부모님과 달라졌음에도 여전히 어린 시절 우리집을 짓눌렀던 돈 문제에서 헤어나지 못한다는 사실을 직시하자 더 괴로워졌다. 이런 스트레스에서 벗어나고자 돈을 현명하게 쓰는 법을 배웠다. 삼십대 중반이 되어서도 나는 옷 때문에 종종 과소비했다. 대체로 나는 씀씀이가 헤픈 사람은 아니었다. 대학 시절 살던 곳과 비슷한 집에서 살았다. 수입보다 더 많은 돈을 쓰고 싶다거나 더 좋은 집으로 이사가고 싶지는 않았다. 빚을 다 갚고 돈 걱정 없이 살고 싶다는 마음뿐이었다.

이 시기부터 돈을 신중하게 쓰는 습관이 생겼다. 항상 돈을 아껴 써야겠다 싶었다. 나는 여러 면에서 예일대와 잘 맞지 않았기에 교수 평가와 논문 실적도 뛰어났지만 종신 재직권을 얻을 생각은 없었다. 그 대신 다른 직장을 알아봤다. 오벌린대학에서 보수도 꽤 넉넉하게 받으며 한 학기 단위로 풀코스 강의를 맡으면서, 마침내 교직에 머물면서도 천직인 글쓰기를 병행하게 됐다. 뉴헤이븐과 달리 오벌린이라는 소도시는 임대료도 적당하고 물가도 낮았다. 나는 학교가 소유한 집을 임대해 중산층 이상의 생활방식을 영위할 수 있었다. 좋은 가구와 예술작품, 예쁜 식기를 장만해 나만의 집을 꾸몄다. 오랫동안 함께 산 남편과 헤어진 지 몇

해가 흘렀지만, 내가 오벌린에 낡고 작은 집을 장만하려고 하자 그는 함께 살던 집의 내 지분을 사들여서 나를 도와주었다.

오벌린에 사는 교수들은 아름다운 빅토리아 양식의 주택이든 새로 지은 산뜻한 집이든 간에 대부분 큰 집에서 살았다. 언젠가는 오래돼 낡았어도 책과 멋진 보물로 가득한 집을 장만하겠다는 꿈을 늘 품고 살았다. 재정 문제를 혼자 감당해야 했기 때문에 가진 돈을 모두 긁어모아 내 형편에 합당한 작은 집을 샀다. 덕분에 빚은 지지 않았다. 늘 바라던 집은 아니었지만 적어도 늘 꿈꾸던 전업작가가 될 수 있는 안락한 집이었다.

이 나라에서 작품을 팔아 생계를 유지할 수 있는 예술가가 단 2퍼센트라는 글을 어디선가 읽은 적이 있다. 내가 아는 작가들은 대부분 경제적으로 좀더 안정되도록 교직에 남으려고 애썼다. 오벌린의 교수 자리도 월급이 그리 대단하지 않았다. 솔직히 뉴헤이븐에서 오벌린으로 옮긴 후로도 월급 수준은 크게 달라지지 않았지만 생활비는 훨씬 덜 들었다.

오벌린 시절에는 책을 많이 썼고 불교 사상과 그 실천에 심취했다. 나는 기독교의 가르침에서 접하는 해방적 서사를 불교와 결합하는 게 좋았다. 불교든 기독교든 단순한 삶과 자원의 공유는 영적인 믿음과 행동의 기본 가르침이었다. 단순한 삶은 그저 사치를 부리지 않는 삶이 아니라 과잉이 없는 삶을 의미한다. 나는 항상 갖고 싶었던 튼튼하고 근사한 차를 마흔 살 생일에 구입했다. 물론 단순한 삶을 실천하기 위해 고급 모델이지만 새 차보다는 훨씬 저렴한 중고차를 샀다.

이 차를 구매하기 전에는 오랫동안 폭스바겐을 몰았다. 누가 차가 필요하다고 말하면 주저 없이 빌려주었다. 사람들끼리 서로 돕고 자원을 공유해야 한다고 생각했다. 그런데 좋은 차를 사고 보니 전처럼 너그러워지기가 힘들었다. 사소한 수리라도 할라치면 비용이 많이 들었다. 한번은 친구에게 차를 빌려주었다가 돌려받고 보니 수리를 해야 했다. 불현듯 내가 물질에 집착하고 물건이 망가질까봐 노심초사한다는 사실을 깨달았다. 타인과의 관계보다 물질에 대한 애정을 우선시한 적은 이게 처음이다. 그 일을 계기로 왜 더 많이 가진 특권계급 사람들이 자원을 공유하면 자신이나 자신의 물건에 해가 될까봐 두려워하는지 이해할 수 있었다.

필요한 물건이든 순전히 사치품이든 고가의 물건을 사면서 내가 얼마나 이기적이고 탐욕스러울 수 있는지를 확실히 깨달았다. 그때보다 적게 벌고 고가의 물건을 최대한 덜 소유했던 오랜 세월 동안 나는 언제나 자비로워지려고 노력했다. 그런데 돈을 더 벌고 더 많은 물건을 사들일수록 자비의 정신으로부터 더 멀어지고 더 탐욕스러워지고 싶은 유혹을 느꼈다. 탐욕의 목소리는 당신의 귓전에 이렇게 속삭일 것이다. 다른 사람에게 빚진 것 하나 없다고. 당신이 열심히 일해서 이것을 샀으니 남들도 갖고 싶으면 열심히 일해야 한다고. 당신이 번 돈이니 어디든 마음대로 쓸 권리가 있다고. 그런 생각이 떠올랐다는 사실에 소스라치게 놀랐다.

가난한 노동계급에서 좀더 특권을 지닌 계급으로 출세한 수많은 사람이 빠지는 함정에 나도 걸려든 것 같았다. 너무 빠르게 계급 특권을 가진 내가 쾌락을 추구하는 소비에 빠져서 순식간에 분수에 맞지 않는 생활을 하고 끊임없이 '결핍'된 상태라고 느끼며 아무 근거도 없이 덜 가졌거나 운명을 개선할 여력이 없는 사람들과 내 처지를 동일시하는 우를 범하지 않았던 건 (내가 가진 것을 남과 공유하는 원칙에 따라 행동하면서) 끊임없이 경계하는 자세가 나를 잡아주었기 때문이다. 나는 돈을 많이 버는 사람들이 수입 이상으로 소비하는 바람에 스스로를 가난하다고 말하는 경우를 많이 보았다. 그들은 자신이 쾌락을 추구하는 소비가 낳은 쾌락문화의 희생양이라고 생각하지 않았다. 하지만 이렇게 그릇된 논리를 가졌기에 이들은 정말 궁핍해서 고통받는 사람을 못 알아본다.

주지하다시피 끊임없이 욕망을 추구하면 풍요로움 속에

서도 결핍을 느낄 수밖에 없다. 물질적으로 부유하고 돈으로 모든 욕망을 해결할수록 탐욕은 끝이 없다. 한번은 상상도 못할 정도로 소득이 늘었는데, 그때 내가 얼마나 탐욕과 욕망에 쉽게 이끌리는지 똑똑히 깨달았다. 언제나 나만은 쾌락적인 소비의 제물이 되지 않을 것이라고 자신만만했기에 그 일로 큰 교훈을 얻었다. 그 일을 계기로 탐욕의 마수에 걸려드는 사람에게 공감하고 그를 동정하게 되었다. 특히 자신의 경제적 능력에 맞지 않는 물질적 욕망에 사로잡힌 사람을 이해하게 됐다.

나를 비롯해 누구든 탐욕의 노예가 될 수 있음을 깨달은 후에야 비로소 독선적인 태도를 경계하게 되었다. 겉보기에는 쾌락적인 소비에 집착하지 않는다 해도 몰래 그러는 사람이 많다. 그들은 모아둔 재산이 있다는 사실만으로도 다른 사람, 특히 가난한 사람보다 우위에 선 기분을 만끽한다. 겉으로는 단출하게 살거나 가난해 보이기도 하지만 속으로는 부를 일구고 축적하는 데 중독되어 있다. 이들은 과도한 부와 특권을 과시하며 탐욕을 드러내는 사람만큼이나 물질적 부에 집착하고 매달린다. 노골적으로 드러내지는 않더라도 그들에게 돈은 신이다.

내가 어릴 때 우리 부모님은 돈 문제를 대놓고 말씀하시지 않았지만, 가난한 노동계급 이웃들은 대부분 거리낌없이 돈 이야기를 꺼냈다. 모두가 물건이 얼마인지 얘기했다.

물질적으로 풍요로운 사람들의 세상을 접한 후 종종 물건을 얼마에 샀느냐고 물어보았다. 그러면 어떤 사람들은 나를 따로 불러서 물건 가격을 묻는 건 실례라고 일러주곤 했다. 돈에 대해 공공연하게 말하기를 꺼리는 태도는 예절의 문제가 아니라 이면에 감추어진 돈에 대한 경쟁심으로부터 주의를 돌리려는 꼼수일 뿐이다. 그렇게 함으로써 더 많이 가진 사람이 자신의 부를 다른 사람에게 숨기기가 쉽기 때문이다. 그런 식으로 다른 사람에 대한 경제적인 책임을 전혀 느낄 수 없는 조건이 만들어진다. 무엇보다 계급 특권을 쥐고 이러한 지식을 축적하는 데 이로운 방식으로 어떻게 돈을 쓰는지 아는 이가 득을 본다.

노동계급에서 상위 중산층으로 올라가는 과정을 겪으며 나는 이 사회에서 돈이 어떤 식으로 움직이는지 무지한 내 모습에 계속 놀랐다. 이자를 주는 예금 같은 단순한 정보나 투자 기회에 관한 온갖 정보가 존재하는지조차 몰랐다. 그런 것의 존재조차 모르는데 그에 대해서 어떻게 묻겠는가. 돈에 관한 책을 읽으면서 비로소 예산을 짜는 일이 얼마나 중요한지 깨우쳤다. 가난한 노동계급 사람들은 어차피 쓸 돈이 별로 없으니 예산을 짤 필요도 없다고 생각한다. 그러나 책을 읽으며 그렇지 않다는 사실을 배웠다.

나는 마이클 필립스의 『돈의 일곱 가지 법칙』을 읽으며 실질적인 도움을 얻었다. 꽤 재미있는 관점에서 쓴 이 책은 정말 하고 싶은 일을 하면서 돈을 버는 것이 얼마나 중요한지 강조하는데, 이런 식으로 얘기하는 책은 드물다. 이 책은 작가나 예술가가 되어서도 경제적으로 자족할 만큼 살 수 있다는 가능성을 부정하지 않는다. 생계를 위해 더는 가르칠 필요 없이 글쓰기에만 집중할 수 있는 경제 수준에 다다르는 걸 궁극적인 목표로 삼고 일을 하는 내게는 그 점이 무척 중요했다.

돈과 탐욕의 계급 정치를 이해함으로써 돈을 쌓아두거나 나보다 가난한 사람을 마음으로 거부하지 않으면서도 경제적으로 충분히 만족할 만한 삶을 영위하게 되었다. 도덕적으로나 윤리적으로 나도 얼마든지 탐욕스러워질 수 있다고 인정했기에 날마다 탐욕에 휘둘려 소비하지 않고는 못 배기는 사람들보다 내가 훨씬 잘났으며 더 좋은 삶을 살 자격이 있다는 영적 물질주의의 함정에 빠지지 않을 수 있었다는 게 내겐 중요하다. 탐욕스러운 부자든 가난뱅이든 물질적 부를 과시하는 행동, 즉 과잉을 과시하는 풍조는 공동체를 갉아먹는다. 나는 경제적으로 풍족한 사람보다는 여유도 없으면서 평생 물질적 부를 과시하려고 용을 쓰는 사람에게 언제나 더 큰 연민을 느꼈다. 하지만 이제는 안다. 자원을 공유하는 세상이 실현된다면 부자든 가난뱅이든 누구나 물질적 부에 더이상 연연하지 않아야 한다는 걸. 그런 저항이 탐욕의 문화에 도전해 그 문화를 바꿀 것이다.

5장

# 탐욕의 정치

탐욕은 살다보면 누구나 경험하는 마음과 존재의 상태이다. 아이들은 대부분 음식 때문에 탐욕스러워진다. 단것을 끝없이 갈망하거나 계속 모으거나 훔치거나 아니면 다 하게 된다. 아이가 좋아하는 음식에, 특히 단것에 과하게 집착하면 결국 탈이 난다. 그래서 우리는 대부분 꽤 어린 시절에 욕심을 부리면 위험하며 그것 때문에 고생할 수도 있다는 교훈을 체득한다. 대체로 아이들은 과도한 욕망은 나쁘다고 배운다. 아무리 부모 노릇에 서툴다고 해도 부모라면 아이를 욕심쟁이로 키우고 싶어하지 않는다.

어린 마음에 각인된 교훈은 지금과 같은 쾌락적 소비문화가 판을 치는, 원하는 것은 다 가질 수 있고 끝없이 원해도 된다는 것이 잘사는 것이라고 생각하는 사회에서는 힘을 잃는다. 실랑이를 벌이는 식으로 장난감이나 음식을 가지고 싶다거나 독차지하고 싶다는 욕망을 이따금 표면화하는 어린 시절이 지나고 나면, 사람들에게 탐욕은 죄악이고 위험하다고 환기시켜주는 곳은 종교적 가르침뿐이다. 현대 사회에서 종교적 가르침의 실천이 힘을 잃은 이유는 부분적으로는 기술 발전을 숭상하고 발전에만 집착하는 현재의 문화가 탐욕의 윤리에 관한 관심을 실질적으로 제거해버렸기 때문이다.

오로지 '나'와 '내 것'만 중요한 나르시시즘 문화가 장악한 곳에서는 탐욕이 유행한다. 1960~1970년대가 과잉이 비웃음을 사며 가진 것을 함께 나누는 박애의 풍조가 널리 퍼진 시대였다면, 1980~1990년대는 쾌락을 추구하는 사치의 문화가 서서히 등장하면서 가난에 대한 두려움이 커진 시대였다. 사회 전반적으로 정의와 사회복지에 관한 관심이 사라지고 그 자리에 개인의 책임과 이기적인 물질만능주의라는 보수적인 분위기가 빠르게 들어섰다. 질라 아이젠스타인은 『전 지구적인 외설 행위*Global Obscenities*』에서 이렇게 주장했다. "미국에서 진행중인 빈부격차의 심화는 전 세계적인 현상을 그대로 반영한다. 1983년에서 1989년 사이에 미국 상위 20퍼센트에 속하는 부유층이 벌어들인 돈은 시장가치로 평가 가능한 총이득의 99퍼센트를 차지했다. 미국의 빈곤층은 3800만 명 이상으로 이들 가운데

40퍼센트 이상이 18세 미만이다." 결국 부익부빈익빈이다.

억압적인 자본주의를 타파하려고 노력했던 특권계급 출신의 급진적인 신진 정치꾼들은 기존 경제체제에서 자신의 위치를 확립하려고 열을 올리는 기성세대가 되었다. 이 체제로 미국이 가진 자와 못 가진 자의 세상으로 양분된다면 이들은 특권계급에 남고 싶어할 것이다. 한때 단순한 삶과 자원의 공유를 주장했던 이들은 이제 공공의 선보다는 개인의 이익을 포용하고 옹호하는 보수 진영에 합류했다. 그리고 이들은 힘을 합쳐 자신들의 다양한 계급 이익을 보호하고 영속하고자 보호주의 시스템을 도입했다.

과거에 계급적 특권을 거부했던 급진주의자들 및 자유주의자들은, 계급의 힘을 되찾으려 노력하는 과정에서 자기 선배들보다 대중에 대해 더욱 개방적인 시각을 견지했다. 즉 타인의 물질적 욕망을 이용하기 위해서라면 인종차별이든 성차별이든 간에 낡은 관념을 기꺼이 버릴 준비가 되어 있었다. 미국 역사상 이들만큼 자기네 계급적 이익의 추구를 위해 젠더나 인종에 대한 충성을 기꺼이 포기한 집단은 없었다. 다른 집단에 상품을 광고하고 파는 게 돈이 된다면, 그들은 그 어떤 필요성이나 약점도 거리낌없이 이용해 부를 축적할 것이다. 항상 가난한 하층계급 사람들을 배제했던 광고 분야도 이윤만 창출할 수 있다면 자신들의 문화나 이미지를 서슴지 않고 뒤엎어버렸다. 상류층과 지배계급을 차지한 새로운 세대가 이제 성년이 되었다. 이들은 다른 인종이나 젠더에 지속적으로 충성하기보다는 더 많은 이윤을 계속 창출하려는 욕망에 따라 움직인다.

새로이 전향한 이 재정 보수주의자들은 노선을 변경했기 때문에 이전 세대와는 확실히 달랐다. 이들은 자신의 출신 계급의 도덕률을 벗어났을 뿐만 아니라 소외계층에 대해 더욱 현실적이고 경험적인 이해를 갖추고 있었다. 신보수주의자들은 가난한 이들의 욕구를 이해하는 한편 그들이 뭘 갈망하는지도 잘 알았다. 소외계층이나 가난한 사람과 어울려본 사람이라면 이들이 재화를 향한 욕망에 얼마나 에너지를 쏟아붓는지 안다. 기본적인 생필품만이 아니라 사치품에까지 집착한다. 요사이 계급 차가 그 어느 때보다 벌어지면서 오히려 이 나라에 계급이 존재하지 않으며 누구라도 성공할 수 있다는 인식이 대중의 상상력에 널리 퍼진 것도 우연은 아니다.

사회정의, 인권, 특히 직장에서의 여성 해방을 외치는 급진적인 정치 운동 때문에 만들어진 계급 간 이동의 기회는 '미국에서는 누구든 성공할 수 있다'라는 대중의 인식을 대변할 만한 실제 사례로 꼽힐 사람이 존재한다는 의미였다. 이런 문화 때문에 밑바닥에 위치한 사람이 꼭대기까지 오를 무궁무진한 기회를 품는 곳을 만든다는 인식이 퍼졌는데 이를 선전하는 데 언론이 핵심적인 역할을 담당했다. 운동계나 연예계에서는 흑인 스타들이 부유층으로 진입하는 경우가 점점 늘고 있다. 역설적이게도, 부와 권력을 거머쥔 사람 사이에 상징적으로 존재하는 백인 여성과 유색 인종이, 종교적으로 이들을 배척해온 보수주의자들이 세운 기존의 사회 경제적 구조를 검증하는 도구로 효과적으로 쓰인다. 1980년대 초, 성차별과 인종차별이 근절되었다는 인식과 기존의 백인우월주의 자본주의 가부장제가 모두에게 이로울 것이라는 가정이 이어져 지지를 얻었으며 일하지 않는 집단에 문제가 있다는 인식도 그와 함께 퍼졌다.

누구든 노력하면 이 나라 계급체계의 밑바닥에서부터 정상까지 갈 수 있다는 개조된 신화와 함께 억압층과 피억압층 같은 낡은 개념은 더이상 무의미하다는 주장도 존재했다. 물질적 욕망에 관해서라면 빈곤층, 노동계급, 중산층이 부자와 똑같은 것을 원하며 심지어 타인을 지배하려는 욕구조차도 모든 계급이 똑같기 때문이라고 했다. 계급 권력에서 밀려난 경계인 집단 출신의 사람이 입신출세해 높은 계급으로 편입을 하면 이미 그 계급에 속한 '전형적인 백인 남자들'과 똑같이 행동한다는 현실보다 더 나은 증거는 없을 것이다. 누구나 권력과 특권을 지닌 계급에 진입 가능하다고 대중을 속일 수 있다면 지속적인 사회정의 실현을 위해 공동체의식이나 자원의 공유를 강조할 필요가 없다.

무엇보다 한때 경계인이었지만 특권을 행사하는 지배계급이 된 사람 중에는 그들이 애초에 주류였던 사람들과 마찬가지로 돈으로 매수될 수 있는 사람임을, 썩어 문드러진 탐욕의 유혹에 굴복할 수 있으며 기꺼이 그렇게 할 것임을 보여주는 증거가 차고 넘친다. 과잉이 괜찮다는 메시지를 대중에게 전달할 길은 이미 다 닦여 있다. 탐욕이 유행하는 시대이기에 무슨 수를 써서라도 이윤을 내는 것은 미국의 노동 윤리에 전적으로 부합하는 생활방식일 뿐이다.

빈곤층과 최하층계급을 살펴보면, 과잉을 탐닉해도 된다는 이러한 인식이 퍼지면서 소수의 상징적인 지배계급이 사치스럽게 살 돈을 벌어줄 뿐인 자본주의에 입각한 파괴적인 약물문화가 특히 흑인 공동체처럼 과거에는 공고히 유지된 공동체로 침투하는 양상이 강화되며 영속화되고 있다. 삶이 고단하기는 했지만 안전했던 공동체가 갑자기 피폐해지면서 전쟁터나 다름없이 변해버렸다. 비싼 운동화든 가죽 재킷이든 새 차든 물질적 사치를 향한 탐욕에 빠져 사람들은 이웃의 고통을 아랑곳하지 않고 약물을 팔아댔다. 수많은 가족이 약물문화를 못마땅해했지만, 그렇게 벌어들인 돈으로 공과금을 내고, 생필품을 사고, 사치품을 사게 되자 태도가 바뀌었다.

탐욕에 기반한 약탈적인 자본주의의 무게 때문에 약물 중독자들은 고통받게 되었다. (일할 수도, 남과 어울릴 수도,

먹을 수조차 없으므로) 그 어떤 공동체에서도 시민으로서 살아갈 능력을 박탈당한 약물중독자들은 지속해서 자행되는 학살 때문에 인간성이 말살된 피해자들이다. 마리화나와 헤로인 같은 과거의 약물과 달리, 코카인과 크랙 같은 약물은 중독자의 정신건강만 해치는 것이 아니다. 이 약물들은 중독성이 너무 강해서 도덕적이거나 윤리적인 논리가 더는 작동하지 않게 막으므로 비도덕적인 행동을 서슴지 않는다.

가난했거나 가난한 사람들은 이웃에 사는 중독자들의 먹잇감이 부자가 아니라는 사실을 잘 안다. 중독자들은 가족과 이웃을 도둑질한다. 그들은 가장 가깝고 친숙한 사람들을 이용하고 괴롭힌다. 중독은 관계에 대한 것이 아니기에 가난하고 힘들었던 시절에 자신의 곤경을 잊게 해준 정서적 유대감 또한 완전히 파괴되어버린다. 정부가 허가한 길거리 약물 판매상들은(만약 이들이 허가를 받지 않았다면 치안 당국은 군산 복합체 지원에 쓰이는 수백만 달러를 길거리에서 약물을 몰아내는 데 써야 했을 것이다) 끝없는 소비를 장려하는 그 어떤 선동적인 언론보다 더 확실하게 가난한 사람들 사이에 탐욕의 문화를 퍼트리고 정착시킨다.

마약 밀매는 가난한 사람이 부자와 똑같은 차를 타고 똑같은 옷을 입을 만큼 돈을 버는 유일한 경제활동이다. 물론 탐욕스러운 자본주의 사회에서 합법적으로 운영되는 기업과 달리 이런 부당 이득자들은 정부의 지출이나 공공 정책에 영향력을 행사할 권력이 없다. 그들은 한때는 건전하고 공고했던 공동체에 폭력과 가난만을 몰고 오는 독재적인 세력일 뿐이다. 이들은 백인우월주의 자본주의 가부장적인 지배계급을 대신해서 착취와 학살을 수행한다. 1세계 국가들이 전 세계의 약소국에 파견한 용병처럼, 마약 밀매상도 사회를 황폐화하고 안정을 위협한다. 이것이 계급 전쟁이다. 하지만 언론은 전 세계를 황폐화하는 이런 자본주의의 착취와 제국주의 경제기구 사이에는 아무런 관계도 없다는 듯 계급 정치에 쏠려야 할 관심을 돌려 약물문화와 젊은층의 폭력성에 대해서만 떠들어댄다.

언론, 그중에서도 광고계는 지배계급의 가치를 다른 집단으로 전달한다. 오늘날 미국에는 철저하게 조직화된 정치적 노동계급이 존재하지 않는다. 이는 언론의 사회화 때문에 중산층만 아니라 대다수의 빈곤층과 노동계급에 속하는 사람들이 자신의 경제 상황이 어떻든 간에 이데올로기적으로 부자처럼 사고해야 한다고 학습해서다. 대중이 복지 정책 철폐 움직임에 어떻게 반응하는지 보면 이를 잘 알 수 있다. 전국을 돌아다니며 흑인을 비롯한 노동계급의 청중에게 강연을 하다보면 누구보다도 잘 알 만한 사람들이 복지 정책의 수혜자는 놀고먹으려는 게으름뱅이라고 서슴없이 말해 깜짝 놀라곤 한다. 아이젠스타인은 이렇게 말했다. "복지 정책을 철폐하면 우리가 서로에게 공공의 책임을 져야 한다는 인식마저 사라질 것이다. 새롭게 등장한 극단적인 가난의 형태는 25년 전부터 시작된 민영화 과정의 일부이다." 복지 정책을 철폐하라는 사람들은 실제로 여기에 비용을 얼마나 쓰는지도 모른다.

이런 사람들은 이 사회에서 벌어지는 실업 문제도 비판적으로 인식하지 않는다. 일자리는 무한하고 항상 구할 수 있다는 잘못된 전제를 포기하지 않는다. 가정과 일터가 심각한 타격을 받는 경제 위기조차도 약탈적 자본주의의 현실에 대해 경종을 울리지 못한다. 가난한 사람을 동정하지 못하는 이는 가난한 사람을 경멸할 줄만 아는 탐욕스러운 사람과 이데올로기적으로 잘 맞는다. 가난한 사람을 완전히 타락한 인간의 전형으로, 언제나 그리고 유일하게 도덕적으로 몰락한 전형으로 낙인찍을 수만 있다면 특권계급 사람들은 가난 그리고 가난이 만드는 고통에 대한 책임을 회피할 수 있다.

탐욕은 종종 부자와 빈자가 공유하는 특성으로 부정적인 선입견에 신빙성을 부여한다. 이런 선입견은 가난한 사람이 권력을 얻으면 더 높은 계급의 사람과 똑같은 방식으로 권력을 잡고 착취한다고 넌지시 암시한다. 확실히 둘 다 탐욕스러울 경우, 가난한 사람이 부자보다 더 윤리적이고 도덕적으로 행동하는 것 같지는 않다. 그러므로 주류문화는 이 사회에서 살아남기 위해서는 탐욕이 필수적이고 생존에 필요하다는 생각을 가난한 사람을 비롯해 모든 계급의 사람에게 불어넣으려고 한다. 이 사회는 강한 자만 살아남는 약육강식의 세계라고 모두가 생각한다면, 탐욕스러운 자만이 살아남을 수 있다는 메시지도 저절로 전달된다.

탐욕은 수많은 부자와 빈자를 연결하는 끈이 되었다. 정치적 지도자처럼 정직을 우선해야 하는 사람이 명성과 부, 권력을 갈망해 타락하면 정의를 원하는 모든 이가 절망에 빠진다. 절망은 무기력을 부른다. 탐욕의 문화에서 사는 사람에게 유혹에 빠지지 말라고 설득하기란 쉽지 않다. 청렴을 유지하려면 끊임없이 경계해야 한다. 그 누구도 예외가 아니다. 우리가 탐욕에 사로잡힐 가능성은 언제나 존재한다. 우리 마음속에도 압제자가 존재할 수 있고 우리는 종종 그런 현실에 직면한다. 두려움이나 수치를 느끼지 않고 이 현실에 당당히 대응해야만 유혹과 부패에 맞서 이겨낼 도덕적 힘을 키울 수 있다.

6장

# 부자 되기

점잖은 사회에서는 공개적으로 돈 얘기를 하는 것을 터부시한다. 자신이 '부자'라고 말하는 부자를 나는 한 번도 보지 못했다. 가진 자들은 자신의 부와 그 부가 주는 지위를 자신이 어디에 사는지 어디서 쇼핑을 하고 뭘 소유하는지 같은 물질적인 요소로 자주 과시한다. 대놓고 말하지 않을 뿐 부자는 대개 늘 돈 생각만 한다. 수백만 명에 달하는 빈민들이 기본 욕구도 충족시키지 못한 채 살아가는 탐욕의 문화 속에서 부를 소유한 사람들은 가진 것을 움켜쥐고 이를 발판으로 더 많은 부를 축적하려 한다. 이들이 자신의 계급적 이익을 지키는 데는 시간이 걸린다. 수많은 부자가 누군가에게 돈을 뜯길지도 모른다며 두려워하고 그 결과 돈에 관한 생각이 종종 인간관계까지 지배한다.

가난한 노동계급 출신자가 부자 밑에서 직접 일하거나 개인적으로 부자를 아는 경우는 별로 없다. 미국 시민들은 미국이 계급 없는 사회라고 주장하기를 좋아하지만 사실 부자들은 우리와 멀찌감치 떨어져서 완전히 다르게 산다는 사실을 모두가 안다. 1950년대에 어린 시절을 보낸 내 주변에는 원하는 물건을 사고 싶어서 돈을 더 가지고 싶어하는 사람이 가득했다. 나는 살림을 하고 아이를 키우면서 부업도 하고 억압적인 남편에게 온갖 요구를 받고 불평을 들어주는 아주머니들의 소원을 들을 때면 가슴이 찡했다. 그분들은 좋은 집과 제대로 굴러가는 가전제품을 갖고 싶다고 하셨는데 그 바람이 충분히 이해가 되었다. 그분들은 그런 이야기를 하는 동안에도 가만히 앉아서 부자가 되기만을 바라지 않았다.

내가 자란 공동체에서는 부는 위험하다는 종교적 가르침을 전했다. 우리는 성경을 통해 부자는 천국에 들어가기 힘든데, 부유할수록 탐욕에 더 취약해지며 부를 축적하려 들기 때문이라고 배웠다. 내가 자란 가난한 노동계급 동네에서는 남을 착취하는 사람이 부자가 된다고 모두가 믿었다. 생활 조건을 개선하고자 돈을 더 벌고 싶어해도 괜찮지만 부자가 되려고 노력해봐야 시간과 노력을 낭비할 뿐이라고 생각했다. 그런 세상에서는 아무도 부자에 공감하거나 그들의 가치관을 공유하지 않았다. 우리는 단순하게 부자는 노동자의 적이라고 여겼다.

가난한 노동계급 사람들과 심지어 좀더 나은 계급의 사람들의 부자에 대한 인식을 근본적으로 변화시킨 건 언론, 특히 텔레비전이었다. 주로 마케팅과 광고를 통해 텔레비전은 계급 없는 사회에 대한 신화를 조장했다. 한편으로는 어디서나 아메리칸드림을 이룰 수 있으며 누구나 부자가 될 수 있다는 이미지를 퍼트리고 다른 한편으로는 누구나 자기 능력 내에서 원하는 것을 마음대로 살 권리를 누림으로써 계급 없는 사회를 경험할 수 있다고 주장한다. 부자는 영웅처럼 묘사됐다. 언론은 쾌락적 소비를 옹호하고 물질을 소유함으로써 계급의 현실에 영향을 줄 수 있다고 모든 계급의 사람들이 믿도록 장려해 부자에 대한 새로운 이미지를 창조했다.

텔레비전과 잡지 속에서 부자는 가난한 계층에게 상냥하고 관대한 모습으로 왜곡되게 그려졌고 지금도 그렇다. 이들은 계급 경계를 초월해 다양한 사람과 어울리려 한다. '잘해줄 가치가 없는' 가난한 사람이나 '무지몽매한' 중산층과 달리 이러한 부자의 이미지를 통해 부자는 자기들끼리만 어울리려고 하지 않고, 개방적이고 친절하며 상처받기 쉬운 사람이라고 주장한다. 무엇보다 부자도 '고통받는다'고 강조한다는 점에도 주목해야 한다. 낮이고 밤이고 텔레비전을 틀면 나오는 연속극에서 부자는 연이어 비극적인 위기를 겪는다. 텔레비전 속에서 부자는 장시간 일한다. 고용인도 됐지만, 주인도 그들만큼 일을 한다.

다른 사람을 착취해야만 하는 상황일 때조차도 부자들은 실제로 자신의 계급 이익을 추구하는 데만 골몰한다는 사실을 세탁하는 데 이런 이미지가 예나 지금이나 이용된다. 텔레비전 화면 속에서 부자들은 자신의 고통을 돌보기 바빠서 타인을 힘들게 만들 수가 없다. 그리고 실제로 텔레비전 방송에 등장하는 방대한 이미지를 통해 사람들은 대개 부자이거나 당장은 아니지만 곧 그렇게 될 것이라고 그려지므로, 계급 없는 사회라는 허상이 방송 때문에 만들어진다. 언론에 따르면 부자들도 소비하기 위해 산다는 점에서 다른 사람과 마찬가지다. 그러므로 계급 차이라는 악은 소비를 통해 초월할 수 있다. 질라 아이젠스타인은 『전 지구적인 외설 행위』에서 어떻게 이런 일이 가능한지 설명한다. "소비문화와 소비지상주의는 가진 자와 못 가진 자 모두를 유혹하는 개인주의라는 이념을 구성하는 씨줄과 날줄이다. 소비지상주의는 개인의 자유와 마찬가지다. 다국적 미디어들은 개방적이고 자유롭고 뭐든지 가능한 민주주의의 이미지를 소비문화에 덧씌운다. 하지만 그 이면에 감추어진 가난과 배고픔, 실업 같은 취약점에 주류 언론은 여전히 무관심하다." 언론은 단순하게 사는 사람들의 삶에 환호하지 않으며 가난하고 소외되었지만 행복하고 의미 있게 사는 사람들의 삶의 방식이 좋은 삶이라고 인정하지 않는다.

1980년대가 되자 텔레비전에서 우리가 접할 법한 가난한 사람의 이미지는 형사 드라마나 의학 드라마에 간혹 등장했다. 물론 그런 프로그램에 등장하는 가난한 이들은 악마화되었다. 그들은 자기중심적이고 타락했으며 사람 구실을 못했다. 거짓말쟁이나 사기꾼으로 묘사되는 그들은 당연히 범죄자였다. 노동계급은 텔레비전에서 종종 재미있는 인물로 등장했다. 백인 노동계급을 복합적으로 그린 드라마 〈로잔느 아줌마〉는 장수 프로그램이었다. 하지만 아무도 자신을 노동계급으로 인식하고 싶어하지 않는 세상에서 그 인기는 더이상 지속될 수 없었다. 〈프랭크의 집〉은 노동계급이, 특히 흑인이 진보적인 이미지를 갖게 해줬고 시청자에게 널리 사랑받았음에도 이내 화면에서 사라졌다. 제작자와 시청자는 노동계급을 부정적으로 묘사하는 드라마를 이어가는데 여기서 이들은 자신과 다른 집단에 속한 모든 사람에게 비열하고, 불친절하고, 외국인을 혐오하고, 인종을 차별하는 모습으로 그려진다.

노동계급이 등장하는 시트콤이 방영되는 요즘에는 중상류층 젊은이가 등장하는 드라마가 넘쳐난다. 이런 드라마에서는 부와 권력을 추구하는 태도가 정상적인 모습으로 그려진다. 텔레비전에 이십대 후반에서 삼십대 초반의 이런 젊은이가 등장함으로써 열심히 노력하면 누구나 성공할 수 있다는 신화가 강화된다. 우리 사회에서 점차 깊어지는 계급 사이의 골을 다루는 드라마는 한 편도 없다. 1980년대 말에는 노동계급과 가난한 사람은 주로 형사 드라마의 단골로 텔레비전에 등장했다. 도덕성과 인간성이 결여된 범죄자로 그려진 이 이미지 때문에 소외계층에 대한 혐오가 커지고 상류층과의 공감이 조장됐다.

텔레비전 토크쇼와 황색저널리즘이 인기를 얻으면서 허구의 드라마를 볼 때보다 부자를 선망하는 분위기가 더 강해졌다. 실제로 '부자'인 유명인이 이러한 프로그램에 출연해 자신의 삶, 즉 자신의 문제를 털어놓는다. 이런 방송을 본 시청자들은 자신도 명성과 부를 얻을 수 있다고 상상할 뿐만 아니라 일상생활에서는 부자와 마주칠 일이 거의 혹은 아예 없으면서도 그들을 친숙하게 느끼게 되었다.

부와 권력에 동조해야만 이 사회에서 앞서갈 수 있다는 인식을 '팔아먹는' 언론매체는 텔레비전만이 아니다. 신문과 잡지는 소외계층 사람들이 부유하고 유명한 사람들의 삶에 갖는 환상을 악용한다. 다이애나 왕세자비의 비극적인 죽음에 대한 반응만큼 대중이 부자에 공감하는 모습이 극적으로 드러난 사건은 미국 역사상 찾기 힘들다. 물론 그 어떤 언론도 온 나라가 그녀의 삶과 운명에 집착하는 현상을 계급제도에 대한 집착과 연결짓지 않았다. 다이애나 왕세자비에 대한 대중의 환상과 애도를 그녀가 지배계급 출신이 아니라는 사실과 결부짓는 편이 더 쉬웠다. 그녀가 상류계급 출신이었다는 사실은 당연히 은근슬쩍 넘어가면서, 마치 신데렐라라도 된 양 떠들어댔다. 이런 식의 이야기는 누구든 성공할 수 있는 계급 없는 사회에 대한 신화를 결코 포기하지 못하는 미국 대중의 마음을 사로잡는다. 그들은 다이애나 왕세자비와 자신을 동일시하면서 신데렐라의 환상을 재정립할 뿐만 아니라 부와 명예를 거머쥐는 환상에도 빠져들었다.

다이애나의 비극적인 운명을 직접 봤음에도 부와 권력이 행복을 가져다준다는 인식은 수많은 사람, 특히 빈곤층과 노동계급의 의식을 계속해서 지배한다. 어떤 부자가 불행하게 사는 모습을 공공연하게 보여줘도 부자가 되면 행복해진다는 여론을 바꾸는 데 도움이 되지 않는다. 대중은 부자들의 일상을 개인적으로 밀접하게 관찰할 수 없으므로 결국 환상이 현실을 왜곡한다. 최근 뉴욕타임스는 '지위' 문제를 다루면서 누구나 이 나라에서 신분 상승을 할 수 있다는 거짓된 인상을 강화하기 위해서 빈부격차 문제가 심화된다는 사실을 편리하게도 무시해버렸다. 뉴욕타임스 1면에 실린 사설의 제목은 「계급 없는 사회에서」였다. 모든 기사는 표제인 "이제 우리는 무엇을 존경할 것인가-미국에서 진행된 지위의 민주화"에 대해 다루었다.

계급 차이의 진실을 부자만큼 제대로 아는 사람도 없다.

부자들은 자신들의 계급적 이익을 보호하면서 빈곤층과 노동계급이 자기네 안락함을 훼손하거나 어떤 식으로든 자기네 삶을 불안정하게 만들 만한 모든 형태의 계급 전쟁을 막기 위해 계급과 돈에 대해 고민하느라 그 어느 사회 집단보다 더 많은 시간을 남몰래 투자한다. 그러면서도 그들은 부에 대해서 허심탄회하게 이야기하지 않는데, 특히 자신과 계급 배경이 다른 사람에게 더욱 그렇다.

많은 부자가 같은 계급 사람들끼리 유대를 강화함으로써 인간관계에서 계급에 대한 질문을 회피하는 편이 더 편하다는 사실을 깨달았다. 내가 알았거나 아는 부자들은 부에 수반되는 권력보다는 부와 그로 인해 얻은 특권 때문에 자신이 사람들과 소원해지고 소외된다는 이야기만 실컷 떠들었다. 부자들은 물질적인 혜택을 받지 못한 사람과 사귈 때마다 그들이 자신의 됨됨이가 아니라 돈만 노리는 게 아닐까 두려워한다. 어릴 때 유산을 물려받아서 돈을 직접 벌어본 적이 없는 사람도 자신의 계급 특권을 드러내서는 안 된다고 느낀다. 다른 부자들처럼 가난한 사람들에게 이용당하거나 괴롭힘당할까 두려워한다.

부자들은 주로 가난하고 곤궁한 사람들을 이용해서 자신의 계급적 이익을 지키면서도 오히려 자신들이 가난한 약탈자들에게 끊임없이 희생당한다는 이미지를 투사함으로써 현실을 왜곡하려 든다. 스스로 정치적으로 진보적이며 타인을 잘 돕는다고 생각하는 부자조차도 자신이 탐욕스러운 대중에게서 보호받아야 하는 취약한 존재라고 인식한다. 부자들이 품은 탐욕은 오히려 부정된다. 부자 중에는 인색하게 살아야 자신이 부에 연연하지 않고 탐욕스럽지 않은 사람이라고 보인다고 생각하는 경우가 많다.

내가 아는 어떤 부자는 새로운 물건을 잘 사지 않는다고 자랑을 했다. 그녀는 옷이 너덜너덜해질 때까지 입었다. 그 지경이 된 옷도 버리지 않았다. 그걸 잘 포장해서 '가난한' 사람에게 주었다. 부유한 백인 집에서 가사도우미로 일하면서 종종 낡고 때가 꼬질꼬질한 물건을 백인 주인에게 받았다며 그들을 한껏 경멸하던 흑인 여자들의 모습이 지금도 생생히 떠오른다. 그들의 부유한 백인 고용주들은 재물을 쌓아두는 행태와 인색한 생활 습관으로 자신들의 탐욕을 드러낸다. 그들이 가난한 이에게 품은 경멸의 근원이 탐욕이었다. 구두쇠 주인들은 자신들도 '아주 조금씩만 쓰면서' 사니까 남들도 그럴 수 있고 그래야 한다고 믿는다. 물질적으로 풍요롭게 생활할 가망이 전혀 없어서 결핍된 상태로 사는 것과 부를 쌓아놓고 금욕적인 자세를 보이는 것은 완전히 다른 문제다.

이따금 진보적인 성향의 부자 중에는 어떻게 하면 자신이 가진 자원을 잘 활용해 가장 많은 사람에게, 특히 자원이 부족한 사람에게 힘이 되어줄까 고민하는 사람이 있다.

그러나 이런 사람은 극소수에 불과하다. 날 때부터 부자였든, 재산을 물려받았든, 노력과 운으로 부를 거머쥐었든 부자들은 대부분 어떻게 하면 재산을 지키고 더 불릴 수 있을지에 집중한다. 내가 인터뷰한 '부유한' 사람들은 대부분 자신은 부자가 아니라고 강조했다. 더 많이 가진 친구나 동료와 자신을 비교했다. 어느 경우든 그들은 덜 가진 사람보다 더 가진 사람을 기준으로 자신의 계급적 지위를 판단했다.

이런 태도는 이 나라의 모든 계급에서 찾을 수 있다. 다양한 계급 특권을 가진 사람이 자신보다 다른 사람이 더 많이 가졌으므로 자신은 가난하다는 투로 말하는 소리가 자꾸 들린다. 풍부한 특권을 누리는 사람과 특권을 거의 갖지 못한 사람 모두가 결핍감을 느끼게끔 언론이 만들어왔다. 특권층이 자신을 '가난하다'라고 느낀다면 정말 가난한 사람에게 책임감을 느낄 이유가 없다. 1950년대 노동계급과 중산층 가족에서는 아이들이 편식하거나 집안 형편에 대해 불평하면 이 세상에 굶주리는 아이가 얼마나 많은지를 가르쳤다. 그러면 낭비는 아무것도 못 가진 사람을 공격하는 일과 마찬가지로 인식되었다. 어릴 때만 해도 우리를 걱정하는 부모님이 굶주린 아이들 이야기를 지어낸 줄로 알았다. 나중에야 그런 아이들이 정말 존재할 뿐 아니라 예로부터 지금까지 어마어마한 자원을 미국이 낭비해 전 지구적인 빈곤을 유발한다는 사실을 알고 충격을 받았다. 매일 미국의 아이들은 전 세계 곳곳뿐 아니라 미국에서도 수천 명의 아이가 굶어죽는다는 사실을 접하고 충격을 받는다.

부자들은 경제적으로 자신을 도와줄 무한한 성장과 발전이라는 개념을 만들어낼 수 있다. 이런 사고방식과 존재방식 때문에 생긴 계획적 구식화planned obsolescence라는 낭비문화는 부자들에게는 유용할지 모르나 중산층과 노동계급, 빈곤층의 계급적인 힘을 심각하게 훼손했다. 욕망과 낭비 때문에 못 가진 자들은 한정된 자원을 삶의 질을 가장 높이면서 생산적으로 이용하는 방식으로 쓰지 못하게 된다. 이들은 (언론에서는 그렇게 떠들어대니까) 부자들이 모든 욕망에 충실하다고 믿으면서도 정작 부자들이 더 많은 부를 창출하기 위해 가진 자원을 어떻게 활용하는지를 전혀 모른다.

부자들은 대부분 기본적인 경제적 기술에 대한 지식조차 가난한 이와 나누지 않으며 계급 특권을 가진 사람 입장에서 끊임없는 소비를 조장하는 온갖 형태의 문화상품에 투자한다. 계급 특권이 없는 사람들은 부자와 동일한 물건을 소비함으로써 부유하고 권력을 가진 사람과 동등한 지위를 차지하리라 믿기 때문에 부자들의 계급적 이해관계에 동조하면서 스스로 착취 대상으로 전락한다. 언론은 가난한 노동계급에게 부자처럼 생각하라고 가르치는 교육용 도구였다. 이데올로기적으로 볼 때, 언론의 유혹 때문에 전 세계의 수많은 가난한 사람이 지배계급의 생각과 가치관을 받아들였다. 일상생활에서 가난한 사람들은 부자들의 계급 이익을 보호하기 위해 이데올로기적으로 부자 편에 선다.

언론에 의해 지배계급이 비특권층보다 도덕적으로 더 우월하고 뛰어나다고 믿도록 사회화된 사람들은 자신이 속한 계급이나 자신보다 더 가난한 사람과 연대하지 않는다. 부자들은 자기네가 통치할 권리를 획득했다고 믿는다. 그 결과 이들은 탐욕과 착취를 비난하는 윤리적 가치나 경제적 정의를 추구하는 정치적 신념을 내던진다. 미국 역사상 지금처럼 신념이나 인종을 불문하고 부자들의 요새에 들어갈 기회가 희박한 때도 없었다. 설사 거기 들어간대도 가난한 사람들의 이익을 배신하지 않고는 자신의 지위와 권력을 유지할 수 없다. 언젠가 미국 내 최고 부자 한 명을 인터뷰하면서 부자여서 가장 좋은 점이 무엇이냐고 물었다. 그는 대담하게도 중산층에서 부유한 지배 엘리트계급으로 신분 상승을 해서 무엇보다 좋은 점은 타인에게 행사할 수 있는 권력을 쥐게 된 것이라고, 평소라면 그 타인이 하지 않을 만한 행동을 하도록 만들 수 있다고 대답했다. 그렇게 솔직하게 대답하다니 정말 의외였다. 지배계급인 사람들은 대부분 억압과 착취를 가하며 얻는 쾌감을 내색하지 않는다.

전통적으로 기독교는 부에 있어서 탐욕을 비난하라고

가르쳤다. 사도 바울은 부를 탐내는 자는 "많은 근심으로써 자기를 찔렀도다"(디모데전서 6장 10절)라고 가르쳤다. 성경에 따르면 부자는 가진 것을 나누라는 계율을 따르기보다 부를 축적하려는 유혹에 빠지기 더 쉬우므로 은총을 받으려면 더 열심히 노력해야 한다. 부자가 천국에 가기란 낙타가 바늘귀를 통과하는 일보다 어렵다는 예수님의 말을 듣고 열두 제자는 깜짝 놀랐다. 이런 가르침을 받기 전만 해도 부자가 되는 게 신의 선택을 받은 증표라고 여겼던 이들은 어리둥절해했다. 신의 눈에는 부자보다 가난한 이가 더 위대하다는 가르침도 놀랍기는 마찬가지였다. 하지만 이에 더해 그들은 부자가 되는 일 자체가 죄악은 아니라는 가르침도 받았다. 부에 점점 집착해 욕심을 부리고 냉혹한 인간으로 변하는 게 죄였다.

최근 뉴에이지 영성은 부자가 선택받은 자이며 영적인 선민이라고 주장함으로써 탐욕스러운 부를 경시하라는 전통적인 성경의 가르침을 훼손한다. 그러나 모두가 우러러보는 부와 끝없이 추구하는 부는 엄연히 다르다. 부자가 되기란 힘들고 위험하다고 가르친다는 점에서 전통적인 종교 사상은 옳았다. 부자가 되어서도 계속 정의에 충실하기란 쉽지 않다. 모두를 위해서 자신의 재산을 들여 정의와 경제적 자족이라는 대의명분을 추구한다는 부자가 존재한다는 이야기는 거의 듣지 못했다. 부자야말로 자기 같은 사람에게 도전하고 이 세상에서 새로운 사고방식과 존재방식을 제시할 수 있는 가장 적합한 존재이므로, 선행을 하고도 침묵한다면 타인을 착취하고 억압하는 다른 부자와의 연대를 공고히 할 뿐이다.

지배계급은 자신이 어떤 사람인지, 실제로 어떻게 사는지를 대중에게 숨기기 위해 다른 계급 사람들과 거리를 둔다. 무엇보다 이렇게 분리되기에 그들의 화려한 생활방식과 그러한 생활방식이 유발하는 불행은 아무 관계가 없다는 환상이 계속 유지된다. 부자들은 세계 각지에서 자신들의 계급적 이익을 지키기 위해 자행하는 제국주의적 폭력에 사람들의 관심이 쏠리는 상황을 막으려 하고 이를 부인하며 살아간다. 그러다가도 자신들이 위협받는다고 느끼면 부를 지키기 위해 파시스트적인 생각과 행동을 서슴지 않는다. 자신들이 정상에 서 있는 계급 구조에 부자들이 가차없이 충실히 행동하는 건 바로 이 연결관계 때문이다.

부는 삶의 질을 높인다. 국가적인 차원에서 우리는 모든 사람이 행복하게 살 권리가 있으며 부자가 될 권리도 여기에 포함된다는 신념을 지켜야 한다. 자기 삶의 질뿐 아니라 자신이 사는 공동체의 행복까지 증진하고자 자신의 자원을 사용하는 보기 드문 부자들의 모습은 부가 악한 게 아님을 보여주는 좋은 증거이다. 다른 사람을 착취하고 억압해서 얻은 부는 번영에 대한 민주주의 이상을 훼손한다. 우리 모두 풍요로움을 주위로 퍼트릴 수 있다고 인정할 때, 더 많은 사람이 '좋은 삶'을 살기 위해 물질적 풍요로움을 누려야 한다고 인정할 때, 부자들은 더이상 끊임없는 소외와 두려움 속에서 살지 않아도 된다. 그리고 가난하거나 계급혜택을 전혀 받지 못한 사람이 탐욕스러운 사람의 먹잇감이 되지도 않을 것이다.

7장

# '나부터' 계급: 젊은층과 무자비한 사람들

누구나 부자가 될 수 있다는 생각은 미국이 계급이 없는 나라라는 이미지를 만들었다. 사실 계급을 이동할 수 있다는 환상은 세계의 부를 마음대로 소비하면서 누구나 흥청망청 쓸 수 있는 세상에 대한 꿈일 뿐이다. 환상 같은 삶에 대한 끝없는 탐닉은 부유한 백인 남성의 문화일 뿐이었다. 이들은 자신들의 꿈과 환상을 실현할 힘을 그 어떤 집단보다 더 많이 가졌다. 광고가 모든 것을 바꾸었다. 이미지 조작을 통해 누구나 원하는 것을 가질 수 있는 가공의 미국을 광고가 만들고 있다. 정치적 신념이나 가치관에 상관없이 마치 최면이라도 걸듯 우리의 본질은 우리가 소유한 것이라고 고집스럽게 속삭이는 무한한 서사에서 완전히 벗어날 수 있는 사람은 아무도 없다.

예민한 사람이라면 텔레비전을 꺼버릴 수도 있으나 집 밖으로 걸어나가거나 차를 타고 나가면 광고로 가득하다. 뭐든 필요한 물건을 사려고 할 때마다 광고의 세계로 들어간다. 요즘은 수도세나 전기세 같은 공과금 고지서나 신용카드 명세서만 열어봐도 소비를 부추기도록 디자인한다. 기회와 자원이 무한한 미국이라는 허상을 밀어붙이는 대중매체 속 이미지를 무시하기란 사실 불가능하다.

십대는 성장 가능성이 가장 큰 집단이다. 이들이 무엇보다도 쇼핑을 좋아하며 물건을 사느라 하루 평균 20달러 이상을 쓴다는 연구 결과도 이미 나와 있다. 쾌락을 추구하는 소비중심주의 사회에 대한 지지와 특권계급 부모들이 일군 경제적 성공이 결합된 이 젊은 세대는 근면의 가치를 모르면서 가치는 지위에서 나오고 권력은 물질적 욕구를 비롯해 온갖 욕구가 충족될 때 나온다고 믿는다.

오늘날 젊은층의 문화는 소비를 중심으로 돌아간다. 명품 옷을 입든 비싼 차를 몰든 물질주의가 모든 거래의 기본이다. 젊은층에게 세상은 그들의 시장이다. 대중매체가 떠들어대는 것처럼, 모든 존재의 가치는 물질적인 부분으로 결정된다. 역설적으로 이런 사고방식은 인종이나 젠더, 계급에 상관없이 젊은층이라면 누구나 이런 가치관을 받아들인다는 점에서 상징적인 '계급 없는' 사회를 만들었다. 요즘 젊은이들은 인종차별이 존재하지 않는 세상에서 살고 싫어하면서도 정작 정치활동에 참여해 자신이나 사회를 변화시키고자 노력하지는 않는다. 세상을 바꾸려면 고통과 적대적 태도에도 맞서야 한다. 그런데 요즘 젊은 세대는 패배자만 이 고통을 겪으며 아무런 어려움도 겪지 않아야 행복한 삶이라는 대중매체의 속삭임을 들으며 자랐다. 이들은 철저한 개인주의를 통해, 자기중심적인 욕구를 충족하는 데 집중함으로써 평화와 행복이 실현된다는 말을 끊임없이 들었다. 병적인 나르시시즘을 일상의 질서로 여기는 세상에서 인종차별이나 다양한 형태의 압제에 도전할 수 있는 집단적인 노력을 조직해나가기란 힘들다. 환상 속에서라면 원하는 것을 이룰 수 있다고 속삭이는 세상에서 저항 의지는 약해질 수밖에 없다. 그리고 소비문화는 이러한 환상을 낳는다.

그렇다면 인종 문제는 어떤 상황일까. 광고에서는 인종차별이란 존재하지 않는다고, "위 아 더 월드We are the world"라고 말한다. 광고는 다양한 인종을 등장시켜 인종의 차이가 존재하지 않는 소비문화를 환기한다. 소비를 할 때 비로소 우리는 하나라는 것이다. 마틴 루서 킹이 꿈꾼 만인이 만인을 사랑하는 공동체는 다문화 다인종 쇼핑 천국으로 번역된다. 다른 무엇보다도 소비에 대한 헌신 때문에 인종과 계급이 통합된다. 모두가 모든 것과 모든 사람을 놓고 광란의 축제를 벌인다. 이기심을 주제로 한 앤드루 철린의 뉴욕타임스 기사 「나는 아니야, 네가 이기적이야」에 스물한 살 대학생의 인터뷰가 실렸다. "요즘은 '나부터'만 외치는 세상 같아요. 모든 것이 내가 뭘 성취할 수 있고, 뭘 할 수 있고, 어디까지 갈 수 있는지만 관심을 쏟잖아요." 그리고 이러한 성취, 이러한 여정이 성공했느냐는 얼마나 많은 것을 구매할 수 있느냐로 평가한다.

인종차별이 만연하고, 유색 인종과 모든 여성이 제한적으로나마 획득한 시민권을 매일 공격받으며, 인종과 계급의 분리가 정상인 세상에 살고 있음에도 소비의 세상이 유일하게 공동체라는 약속을 환기해준다. 무슨 계급에 속하든 인종이 뭐든 간에 신용카드나 현찰을 들고 있다면 모든 가게가 당신에게 열려 있다. 소비의 세상에서는 상품에 대한 욕구가 제일 중요하고 이는 그 어떤 장애물도 뛰어넘는다. 이 세상에서는 사회적인 자각도 극단적인 저항도 필요 없다. 그리고 그런 세상은 광고가 만들어내는 환상의 세상에, 그러니까 모두가 하나이고 고통도 없고 푯값만 지불한다면 누구나 속할 수 있는 세상에 사로잡힌 젊은 세대에게 특히 매력적이다.

현실에서는 그 푯값을 못 내는 젊은이가 부지기수다. 계급 없는 사회, 가진 것으로 평가받는 소비 주도의 세상에 관한 환상 이면에는 끝이 없는 물질적 욕망을 충족하지 못하는 모두가 겪는 심리적 고문이 자리한다. 이 심리적 고문의 한 측면이 질투다. 초등학생부터 십대에 이르기까지 젊은이들 사이에서 물질적 성공을 말해주는 표시를 갖지 않으면 쓸모없는 사람, 수치의 대상으로 여겨진다. 이 수치심은 내면화와 외면화가 동시에 이루어질 수 있다. 게다가 질투심과 결합한다. 존 브래드쇼는 『수치심의 치유』에서 이렇게 주장한다. "질투심의 가장 유치한 형태가 탐욕이다…… 놀랍게도 질투를 하는 사람일수록 질투의 대상을 소유할 수 있다면 모든 것이 괜찮아진다고 믿는다. 탐욕의 형태를 한 질투를 현대 광고계는 교묘하게 이용하는데, 광고계는 우리가 가진 것이 우리라는 최면과도 같은 암시를 퍼트린다." 가난한 사람 사이에서는 이렇게 질투에서 유발된 탐욕 때문에 젊은이들이 물질적 소유를 위해 무차별적으로 타인을 파괴하는 약탈적인 문화가 생겨났다. 이토록 살인적인 욕망은 물질적으로 박탈된 가난한 사람이 아니라 물질적 욕망이 너무나 간절한 젊은이에게서 목격된다. 그들은 자기보다 더 많은 특권을 누리는 또래를 만나면 욕설을 하고 폭력을 휘두른다.

텔레비전 드라마로도 제작된 〈클루리스〉처럼 십대를 겨냥해 크게 성공한 영화를 보면 이들은 정작 자신의 소유를 미화하면서도 부자들의 우스꽝스러운 가치관을 조롱한다. 〈클루리스〉의 줄거리는 부를 축적하고 흠모하는 데 맞춰져 있다. 이 영화에서 주인공은 부유하고, 백인이고, 금발이고, 푸른 눈에 거식증이 의심될 만큼 날씬하다. 그녀 옆에는 충실한 조연으로 조금 덜 부유한 흑인 친구가 등장하는데 그는 항상 흠모와 질투를 드러낸다. 대중의 상상 속에서 부자가 되고자 하는 열망은 단지 긍정적인 꿈이 아니라 유일하게 의미 있는 꿈이기도 하다. 가장 최근에 이런 주제를 다룬 영화로 웨인 왕 감독의 〈여기보다 어딘가에〉를 들 수 있다. 이 영화를 봐도 중년의 이혼녀인 어머니는 십대 딸에게 부자에게 선택받을 수만 있다면 거짓말을 하든, 사기를 치든, 훔치든 뭐든 해서 부자처럼 살라고 한다. 영화의 초반부에 딸은 네가 가진 것이 바로 너 자신이라고 끊임없이 잔소리하는 어머니를 강하게 비난하나 이야기가 진행될수록 어머니의 논리에 끌려들어간다. 모든 연령대의 젊은층이 시청하는 가벼운 오락물인 이런 영화에서는 계급 충돌을 부인한다. 하지만 초중고교에서는 가난한 집 아이들이 지속해서 수치심을 겪으며 계급 충돌이 격렬하게 표출된다.

텔레비전 드라마 〈사우스 파크〉의 어느 에피소드를 보면 어떤 학생이 교사에게 왜 가난한 사람들은 항상 상한 우유 냄새를 풍기느냐고 묻는다. 선생님은 그런 인식에 반박하지 않는다. 오히려 자신도 왜 그런지 모르겠다고 답해 은연중에 그 의견에 동조해버린다. 미국에는 물질적 소유 때문에 폭력 상황이 벌어지는 걸 방지하고자 학생들에게 교복을 입히는 학교가 많다. 가난한 불량 학생은 물건을 강제로 빼앗는 식으로 부유한 학생과 전쟁을 벌이기도 한다. 수많은 중산층 가정의 자녀들이 이런 충돌을 피하려고 학교의 학력 수준이 뛰어남에도 공립학교를 떠난다.

역설적으로 이 나라에는 약탈적인 지배계급의 가치관과 도덕에 동조하면서도 계급의 존재를 부인하는 젊은층, 특히 십대가 가득하다. 가난하다는 사실은 언제나 그리고 유일하게 수치심을 불러일으키는 요소이기에 가난한 아이들은 따돌림당하고 스스로를 고립시킨다. 미국 역사를 통틀어 이런 일은 비일비재했기에 가난한 아이들은 그리 어렵지 않게 옷차림과 교육 수준으로 계급 배경을 숨겼다. 그러나 뭘 소유했느냐로 사람을 판단하는 일이 일상화되고 단순히 좋은 물건이 아니라 극도로 고가의 물건을 소유해야 부자로 여기는 세상에서는 아무것도 없는 사람과 조금 가진 사람, 많이 가진 사람 사이의 차이는 점점 벌어진다. 1950년대 후반에서 1960년대 사이 노동계급과 가난한 집에서 자란 아이들에게 노동계급의 옷은 청바지나 오버롤, 침대보로 만든 치마 등으로 상징되는데 당시로서는 참신한 패션이었다. 이런 옷들은 계급 권력에 대한 비판이었다. 반체제 문화에서 처음으로 인기를 얻은 이 옷차림은 부유한 아이들이 계급적 반항을 표출하는 방식이 되었다. 이런 행동은 계급을 초월할 수 있다는 신념을 강화했다. 게다가 특권계급 그룹은 노동계급과 빈곤층 양쪽 모두, 또는 한쪽과 협력하면서 더 부유해질 수 있다.

이런 이야기는 지난날의 환영이다. 오늘날 미국의 3800만 명 이상의 빈곤층과 노동계급 출신의 젊은이가 출신 계급을 벗어나고 싶어한다. 특권계급의 아이들과 마찬가지로 이 아이들도 계급적 위치에 관해서는 생각하지 않는다. 그들에게 사람은 부자이거나 가난뱅이일 뿐이며 그 중간에는 아무것도 없고 설령 있다 한들 중요하지 않다.

젊은층이 물질적 부를 숭배하는 문화는 자신에게 의미 있는 가치관이나 윤리를 탐색하기보다, 자신이 누구이며 무엇이 되고 싶은지 탐구하기보다, 친구를 사귀고 우정을 유지하기보다, 사랑이 무엇인지 알기보다 돈이나 물건을 손에 넣는 게 더 쉽다는 사실에서도 일부 원인을 찾을 수 있다. 부를 추구하다보면 자연히 탐욕과 질투심이 커지지만 한편으로는 야망도 커진다. 젊은이들이 출세해서 가능한 한 많은 돈을 벌겠다는 야망에만 불타오르면 정서적 결핍에 대해서는 아예 신경을 꺼버릴 수 있다. 부유한 백인 남자 고등학생이 자신과 인종이나 계급이 다른 학생에게 폭력을 행사할 때, 세상은 그 아이의 정신에 스며든 감정적 공허함과 허무주의보다는 그들이 몰고 다니는 비싼 자동차에 대해서 떠들어댄다. 그게 더 쉽기 때문이다. 죽음을 숭배하는 이 아이들의 양상을 단지 고가의 사치품, 막대한 물질적 자산으로만 연결짓는다면, 물질적 부를 멀리하면 이 아이들의 병인을 치료할 수 있으리라는 환상이 퍼질 수 있다.

종종 계급을 불문하고 물질 숭배나 지배계급의 사람들에게 비판적인 부모도 여전히 자식에게는 돈이 인생에서 가장 중요하다고 가르쳐야 한다고 느낀다. 부유하지만 사치를 삼가는 특권계급의 부모들도 종종 아이들에게 물질적인 쾌락을 부추긴다. 가난한 젊은이 중에는 개인적 가치관이나 다름 없는 사치에 대한 욕망 때문에 자기네 삶에 막대한 돈을 벌어다주는 약탈적인 약물문화를 떠받치는 경우도 있다. 돈으로 산 물건은 자신이 중요하고 권력을 가졌다는 증거이다. 한때는 가치관이 달랐던 어른들도 젊은이들의 꾐에 넘어가 돈이 전부라고 믿게 된다. 흑인 장년층의 윤리적 가치와 쉽고 빠르게 부자가 되고 싶은 젊은 세대의 충돌은 로레인 핸스베리의 희곡 『태양 속의 건포도』에 강렬하게 드러난다. 자식을 좋은 환경에서 키우기 위해 열심히 살았던 부모님을 둔 월터 리는 아버지의 사망 보험금으로 술집을 사고 싶어한다. 하지만 그의 어머니는 그 보험금으로 인종차별을 피해 좀더 좋은 동네로 이사가고자 한다. 그녀의 윤리관에 따르면 돈이란 인간의 전반적인 행복을 증진시킬 때에만 유용하다. 월터 리의 세계에서는 돈을 얼마나 가졌느냐가 행복을 결정하는 유일한 요인이다. 극이 절정에 다다르면 어머니는 아들의 가치관에 분노를 표출하며 이런 질문을 던진다. "언제부터 돈이 인생이 되었니?" 이에 그는 이렇게 대답한다. "인생이 원래 그런 거예요, 엄마. 우리가 몰랐을 뿐이죠."

이혼한 어머니와 함께 사는 저소득층 아동이 더 많은 것을 구매할 정도로 좀더 소득이 괜찮은 아버지와 함께 살기로 했을 때, 돈과 인생의 관계가 얼마나 달라졌다고 느끼는지 확인한 연구는 아직 없다. 아이들은 어머니와 함께하면 정서적인 성장에 도움이 된다는 것을 알면서도 어떤 경우에는 돈을 가진 쪽과 살고 싶어한다. 돈이 그들의 가치를, 그리고 궁극적으로 그들의 운명을 결정한다는 말을 듣기 때문이다. 아이들은 대중매체와 자신들을 둘러싼 탐욕의 문화로부터 그런 말을 전해듣는다. 가난과 싸우며 하루하루 근근이 살아가는 싱글맘들은 은연중에 이중적인 메시지를 드러낸다. 사랑과 보살핌 등으로 이어진 관계가 물질적인 욕구와 욕망보다 더 중요하다고 아이에게 가르치고 싶지만 상황상 어쩔 수 없이 물질적인 문제에 때로는 집착한다 싶을 정도로 온 신경을 쏟는다.

사회학자들은 오늘날 젊은층의 극단적인 물질주의를 이혼이나 가장의 경제적 기여 실패로 그들 삶에 벌어지는 경제적 변화와 연결짓지 않는다. 이렇게 물질에 집착하는 태도는 어느 정도는 앞으로도 계속 빈곤에 시달릴 수 있다는 뿌리깊은 두려움 때문이다. 이런 두려움은 현실적인 근거가 있다. 그러므로 이런 두려움을 제대로 처리하지 못한다면 젊은층은 물질의 소비에 완전히 사로잡히고 말 것이다. 물론 이런 상황은 지속적인 빈곤에 시달리는 아동에게도 똑같이 적용된다. 차이점이 있다면, 물질적으로 부유해본 적 없는 아이들은 원래라면 아무런 노력 없이 마땅히 자기 것이 되었던 무언가가 자신을 거부한다는 박탈감 혹은 한때 누렸던 물질적 혜택을 더이상 누릴 수 없다는 절망감을 느끼지 않는다는 것이다. 대체로 빈곤층 아동은 계급에 대해 더 현실적으로 인식한다. 그렇다고 해서 물질적 부가 곧 우리의 자존심이라고 속삭이는 더 큰 세상의 세뇌로부터 안전하다는 말은 아니지만 말이다.

한때는 가난한 사람들을 동정하는 이미지는 물론이고 그들에 대한 동정심을 불러일으키는 데 주된 역할을 했던 제도화된 교회나 절이 이제는 인종과 계급을 불문하고 오늘날 젊은층의 세계관에 유의미한 영향력을 행사하지 못한다. 젊은 흑인 갱스터 래퍼가 상을 받기 위해 단상에 올라가 자신에게 명성과 부를 주신 하느님에게 감사를 표하지만, 정작 그들이 입에 올린 기독교나 이슬람교의 가르침은 그들의 도덕적 가치나 이 세상에서 취할 행동의 틀을 형성하지는 못했다. 그들은 (그들의 백인 동료들도) 자신이 믿는 신을 조롱한다. 게다가 마구잡이로 부를 경배하는 그들의 모습은 젊은이들에게 신은 믿는 자를 정상의 자리로 이끄는 도구로서만 유용하다는 믿음을 불어넣는다. 물론 여기서의 정상은 마틴 루서 킹이 사회적 정의와 민주적 결합이 실현된 신성한 비전을 부여받았다는 그 정상이 절대 아니다.

이것이 돈의 지배에 도전하는 모든 가치관이나 윤리적 신념을 조롱하고, 비웃고, 파괴하는 암살자의 왕좌를 숭배하는 작금의 젊은 세대의 모습이다. 이 세대의 손은 피로 물들어 있으며 향긋한 비누건 아로마테라피건 뭐든 사치스러운 것으로 씻어낼 수만 있다면 그 피를 신경쓰지도 않는다. 탐욕의 정치가 지배하는 사회에서 젊은 세대는 특히 취약하다. 핵심 정체성이나 신념체계, 애정어린 관계로 모인 공동체에서의 자리 같은 것이 없이는 예상치도 못한 부가 모두를 기다린다는, 상상만 하면 된다는 환상적인 유혹을 떨쳐낼 수단도 없다. 현혹된 젊은이가 계급과 한정된 자원, 영광의 고갈, 끝없는 착취에 속박된 현실을 직면하면 분노로 가득차 결국 그 분노에 중독되어버린다. 죽음이나 자해, 또래에 대한 학살으로만 분노를 가라앉힌다. 누가 억압하는지 모르기 때문에 억압자를 죽일 수도 없다. 그들은 계급 정치나 자본주의도 모른다. 그들의 머릿속에는 돈이 없다면 죽은 것이나 마찬가지라는 생각뿐이다.

아동이 소비자 자본주의의 세상에 들어설 때부터 비판

적으로 사고하게끔 교육하지 않으면, 약탈적인 탐욕의 정치를 물리칠 기본적인 가치관이 절대 형성되지 않을 것이다. 사치품이나 명품에 치중하던 생활에서 벗어나 자연으로 돌아가는 소박한 생활방식을 실천하는 젊은이들, 환경권을 위해 솔선수범하는 급진적인 젊은이들, 계급의 현실을 직시하고 공정한 사회를 만들려고 노력하는 젊은이들이 기울이는 노력으로 비로소 희망의 씨앗이 뿌려질 것이다.

# 8장

# 계급과 인종: 새로운 흑인 엘리트

전반적으로, 아프리카계 미국인 사이에 언제나 다양한 신분제와 계급이 존재했음에도 정작 미국 내 흑인들은 계급과 계급 착취 문제에 관심이 쏠리는 상황을 꺼렸다. 인종차별주의자들의 선입견은 역사 연구까지 왜곡해서 콜럼버스보다 먼저 아메리카대륙에 도착한 아프리카 탐험가가 있었음에도 노예가 아니라 탐험가이자 이민자로서 대륙을 밟았던 이 흑인들에 대한 정보는 기본적인 지식과 함께 은폐되었다. 사실 최근까지도 흑인들이 소위 신대륙에 들어온 이야기를 할 때면 노예제도 이야기부터 꺼낸다. 그들은 목화씨라는 소중한 선물을 선사한 흑인이나 백인처럼 자유를 위해 신대륙으로 온 소수의 흑인 이민자에 관해서는 언급하지 않는다.

일부 백인 미국인들은 이 땅으로 건너온 유럽의 식민지 개척자가 대부분 운명을 바꾸려 한 가난한 노동계급이었음을 기꺼이 인정하지만, 대부분은 기나긴 항해 끝에 신대륙에 도착한 특권층 이야기로 백인들의 신대륙 개척사를 시작하곤 한다. 흑인 이주자들처럼 자신이 특권계급에 속한다고 생각한 백인 이주자는 소수였다. 고용 계약을 맺은 예속 상태로 신대륙에 도착한 백인들은 대부분 빈곤층과 노동계급이었다. 하지만 특권계급의 여정이 일반적인 '백인' 개척자 또는 이주자의 경험을 구성한 반면 흑인들의 일반적인 경험은 계속해서 노예제도로 남았다.

역사적 기록을 살펴보면, 소수의 자유 흑인과 대다수의 흑인 노예 사이에도 신분제도와 계급 구분이 존재했다. 신분이나 계급이 달라도 흑인 사이에서 인종 간 연대를 강화한 경우가 적지 않았다. 자유민이건 노예건 언제라도 같은 운명을 맞을 수 있다는 사실이 그들의 결속을 더욱 강화시켰다.

그렇다고 자유 흑인이 노예 상태의 흑인에게 종종 '군주'로 군림하지 않았다는 뜻은 아니다. 또한 일부 흑인 노예들은 피부가 더 하얀 사람이 더 높은 지위를 차지하는 백인들의 신분제를 받아들여 백인 식민주의자들의 행동을 모방하기도 했다. 이렇게 피부색을 기반으로 한 계급제도는 노예제도 이후의 계급 분류에 다시 구현되었다. 혼혈 노예들은 설령 친족관계를 인정받지 못했더라도 백인 친척에게 물질적 보상을 더 많이 받았기 때문에 피부가 더 검은 노예보다 더 많은 부를 소유하기도 했다.

인종차별과 합법적인 인종 분리 정책이 시행됐음에도 불구하고 20세기가 시작될 즈음 흑인 사회 내에서 계급이 뚜렷하게 형성되었다. 노예제도 폐지 후 백인의 흑인 착취와 억압이 더 심해지면서 흑인끼리의 연대도 더욱 보편화하였다. 인종 고양Racial Uplift의 논리는 계급 구조의 밑바닥에 위치한 흑인에게 계급 권력을 획득한 흑인을 존중하고 존경하라고 고무시켰음을 의미한다. 당시만 해도 흑인 중산층은 소수였기에 노동계급과 빈곤층의 적으로 여기지 않았다. 그들은 누구나 신분 상승을 할 수 있음을 보여주는 본보기였다. 재능 있는 10퍼센트가 미국 흑인을 고양시키고 아프리카계 미국인 전체의 운명을 바꾸게 노력할 것이라는 W. E. B. 듀보이스의 이상도 바로 이런 믿음에서 비롯되었다. 1903년에 그는 자신의 주장을 역설하며 "자신은 물론 다른 인종에서도, 최악의 사람들이 저지르는 오염과 죽음을 피하도록 대중을 인도하는 최고의 사람들"을 키워야 한다고 주장했다. 하지만 듀보이스는 1948년에 자신의 과거 주장을 이렇게 비판했다. "대학을 졸업해 사회에 나왔을 때만 해도 재능 있는 10퍼센트를 키우겠다는 내 계획을 통해 흑인 문제 해결에 대해서 보통은 개인적인 관심만 가져온 이기적이고 제멋대로이며 부유한 남자들을 통제하고 다스릴 수 있다고 생각했다. 그런데 그들은 미국 흑인 대다수나 다른 모든 사람의 운명에 대해서는 특별히 관심을 갖거나 아예 아무 관심도 갖지 않고 개인의 자유와 세상을 마음껏 즐기고 누리는 것을 중요시했다." 1950년대에 어린 시절을 보냈던 나는 계급 특권을 지닌 흑인들이 대중을 어떻게 경멸했는지를 사실 잘 알았다.

훗날 사회학자 프랭클린 프레이저가 '블랙 부르주아'라고 정의했던, 상대적으로 계급 권력을 가진 흑인들이 흑인 거주지였던 우리 동네에도 존재했는데 이들은 그렇지 못한 대다수 흑인과 진짜 계급 권력을 가진 백인 사이에서 중재자 역할을 즐겼다. 블랙 부르주아는 소외계층이 계속 바닥에 남아 있어야만 자신이 그 바닥에서 얼마나 올라왔는지를 확인할 수 있는데도 소외계층 흑인을 공공연히 경멸했다. 그래봤자 계급에 상관없이 흑인은 백인 거주지와 분리된 동네에서 벗어날 수 없었다. 우리를 둘러싼 백인우월주의의 세상은 억압과 압제를 통해 우리 가운데 가장 부유한 흑인조차도 인종차별의 무거운 굴레에 짓눌릴 수 있음을 똑똑히 일깨워주었다.

흑인의 연대감은 계급에 기반한 시민권 투쟁으로 대체되었는데 그 투쟁의 궁극적인 목표는 이미 어느 정도는 계급 특권을 확보한 흑인 시민이 좀더 많은 자유를 누리게 하는 것이었다. 1960년대 후반까지 계급을 기반으로 한 인종차별 폐지는 각자 다른 계급에 속해도 언제나 서로를 지지했던 흑인들의 연대를 방해했다. 주류 백인문화에 동화되어 계급의 힘과 지위를 향상해야 한다는 압박에 시달린 특권계급 흑인들은 흑인 지역에서 자기네 돈과 일자리를 챙겨서 가난한 동네를 떠나 백인 거주지로 옮겨갔다. 그러나 백인 대학에서는 여전히 가장 뛰어나고 똑똑한 흑인 학자들을 고용하지 않았다. 인종차별을 반대하는 정서 때문에 인종차별이 철폐된 게 아니었다. 독립적이고 호전적이며 결단력이 있는 흑인들이 현상태에 미칠 수 있는 위협을 백인 정치가들이 전략적으로 인정했기 때문이다.

호전적인 시민권 운동과 흑인 인권 운동의 결과로 흑인들이 집단적으로 급진화되자 이를 약화시키려고 인종차별 폐지가 이루어졌다. 급진적이고 똑똑한 10퍼센트가 흑인 대중을 선도해 반란과 문화 혁명을 일으키는 상황보다는 이미 특권을 부여받은 흑인에게 기존의 사회 구조에 편입될 기회를 좀더 제공하는 편이 나았다. 공교롭게도 당시 국제 정치학에서 발생한 변화로 인해 미국 제국주의가 경제적 지배를 유지하려면 백인은 세계 곳곳의 유색인종과 협력해야만 했다. 과거의 식민주의로는 현대의 전 세계적 규모의 무역 기틀을 세울 수 없었다. 미국 지배계급의 권력이 계속 유지되려면 새로운 백인 세대는 전 세계의 유색인종과 새로운 방식으로 교류하는 방법부터 배워야 했다. 이런 관점에서 볼 때 인종차별 폐지는 매우 유용한 수단이었다. 이를 통해 흑인의 지위 향상 운동과 급진화를 흔드는 동시에 신분이 상승한 새로운 흑인 특권층을 만들 수 있었다. 새로운 특권계급은 다른 흑인과 협력하기보다는 백인의 권력 구조와 협력하는 편이 자신에게 더 이익이라고 여길 것이 분명했다. 몇 년간 집단 투쟁을 벌인 후, 1960년대가 저물어갈 무렵에는 흑인의 지위 상승과 자원의 공유를 더 강조했던 공동체주의보다 자유로운 개인주의가 흑인, 특히 블랙 부르주아의 일상적인 가치로 자리잡아갔다.

내가 자란 공동체에서는 흑인의 지위를 향상하고 자원을 공유하기 위해 헌신한 계급 특권을 가진 흑인과 개인의 이득만을 위해 공동체를 이용하느라 여념이 없는 흑인을 구분하기가 어렵지 않았다. 후자에 속한 사람들은 오로지 돈을 벌고 자신의 지위와 힘을 과시할 생각뿐이었다. 그래서 아무도 그들을 존경하거나 떠받들지 않았다. 그러나 시장 경제의 가치관이 등장하면서 공동체 정신과 자원 공유에 대한 기본 신념이 파괴되었고 남자든 여자든 간에 '자신을 위해서, 그 누구도 아닌 자신을 위해서 살아야 한다'라는 지상 명령이 그 자리를 차지하면서 변화가 시작되었다.

내가 자란 곳과 같은 전통적인 흑인 공동체에서는 계급을 불문하고 모든 사람을 포용했지만 1970년대가 끝나갈 무렵부터 상황이 달라졌다. 부유한 흑인들이 공동체에서 재산을 빼갔다. 흑인이 경영하는 지역 사업체는 장의사를 제외하고 모두 문을 닫았다. 시민으로서 평등권을 경험한 흑인들은 흑인 공동체에서 벌어지는 변화를 눈치채지 못한 듯한 모든 곳에서 살아갔고 무엇보다 소비를 시작했다. 이런 변화는 미국 전역에서 일어났다. 1990년대 초, 가난하고 하층민 처지인 흑인들은 급속도로 고립되고 격리된 공동체로 변해갔다. 순식간에 마약 거래가 공동체를 파고들어 거리를 장악해 약물중독과 그로 인한 폭력이 빈곤층의 전반적인 행복을 갉아먹고 궁극적으로 파괴해 흑인 노동자 계급이 공동체를 떠났다.

인종차별을 종식하고, 가난한 사람들을 먹여 살리고, 모두의 의식을 높이는 과업을 성공적으로 해낸 1960년대의 호전적인 흑인 인권 옹호자들은(대다수가 특권계급 출신이었다) 이 나라 곳곳에서 가난한 흑인 공동체를 에워싼 높은 장벽을 보면 충격을 받을 것이다. 흑인 중상류계급은 이러한 현대적인 수용소를 절대 반대하지 않는다. 기억상실증에라도 걸린 것처럼 그들은 학살을 자행한 나치 파시스트가 처음부터 사람들을 가스실로 들여보낸 것이 아니라 일단 사람들을 한데 몰아넣은 다음 적절한 음식, 거처, 의료 시설처럼 생활에 필요한 기본 조건을 박탈했음을 간단히 잊었다. 요즘 같은 현대에는 크랙 같은 치명적인 약물이 있으니 가스실이 필요 없다. 대놓고 인정하지는 않지만, 포로 수용소 같은 지역은 미국 내 대도시 어디서든 볼 수 있다. 다른 인종 집단의 무관심한 특권층과 마찬가지로 대다수의 흑인 특권계급도 이런 공동체에 들어갈 필요도, 그곳에서 서서히 진행되는 학살을 목격할 일도 없다. 그들은 멀찌감치 떨어져서 피해자만 탓할 뿐이다.

성공가도를 달리는, 부패했지만 '유능한 10퍼센트'는 개인의 자유를 외치는 막후인물로 부상했을 뿐만 아니라 모두(특히 흑인)에게 흑인 자본주의의 모습으로 등장했다. 즉 이들에게 무엇보다 중요한 상품은 '흑인임을 팔기'다. 그들은 흑인 자본주의가 마치 흑인의 자기 결정처럼 보이게 자기 목적을 교묘하게 은폐한다. 흑인이 저지르는 약탈적인 폭력에 대해 흑인을 미화하고 찬양하는 한편 모든 책임을 피해자에게 전가하는 흑인 영화제작자가 만든 영화건, 흑인 학자나 작가가 쓴 문학작품이건, 대다수의 특권계급 흑인은 자신과 빈곤층 흑인이 아무런 공통점도 없다고 느끼는 게 분명하다. 부유한 흑인이 인종차별 때문에 자기 직업 분야에서 정점에 오를 수 없다거나, 일상적으로 벌어지는 인종차별 때문에 택시를 타기가 힘들다거나, 경찰에게 부당한 대우를 받는다고 불평할 때마다, 자신이 계급 특권 덕에 빈곤층과 소외계층이 당하는 식으로는 인종차별을 받지 않는다고 인정하지 못한다면 계급 특권이 그들에게 위안과 보호를 제공한다는 걸 인정하기를 거부하는 이 나라와 한통속이나 다름없다.

시민권 운동과 전투적인 흑인 인권 운동이 벌어지기 전만 해도 백인들이 지위가 향상된 흑인들을 마음대로 착취하고 억압하려고 들면 계급 특권이 존재했다 한들 이것이 흑인 상류층에게 전혀 도움이 되지 않았다. 요즘은 그렇지 않다. 그렇다고 특권계급 흑인들이 매일 인종차별의 공격을 받지 않는 건 아니다. 오히려 그 반대다. 특권층의 고통은 매일같이 인종 공격을 받는 가난한 사람들의 고통과 연결된다. 마치 그 고통을 종식할 인종차별반대 운동이 모든 계급에 해방을 약속하는 것처럼 말이다. 그러나 흑인 사회 내부에서 특권층과 빈곤층의 격차가 점점 벌어지므로, 계급 특권을 통해 인종 공격의 고통을 조정할 수 있는 다양한 방법을 알면서도 모른 척하는 이들의 태도를 정의와 인종차별 철폐에 진심으로 헌신하는 모든 이가 깨부숴야 한다. 가난하고 소외된 계층인 흑인 노동계급은 인종 공격에서 벗어나거나 공격을 받았을 때 상처를 치료할 만한 계급적 지위나 특권이 없다.

중상류층과 부유한 흑인들은 크고 작은 방법을 동원해 가혹한 인종차별을 최소한으로 받으며 생활할 수 있다. 수많은 특권계급 흑인이 백인을 고용해 백인우월주의가 판치는 세상과 연결되려 한다. 백인 사회로의 동화는 자신에게 가해질 가혹한 인종차별을 '다른' 흑인에게 돌리는 또다른 전략이다. 엘리스 코스는 자신의 저서 『특권계급의 분노*The Rage of Privileged Class*』에서 계급 특권을 가졌다고 해서 부유한 흑인이 인종 공격을 피하는 것은 아니며 이 사실에 그들이 격분한다는 사실을 모두에게 일깨웠다. 그러나 그는 이 분노를 백인우월주의자들이 가난하고 궁핍한 흑인을 착취하고 억압하는 상황에 대한 분노와 연결짓지 않았다. 인종차별에 대한 우리의 분노는 정당하지만, 부유한 흑인이 가난한 흑인은 폭력에 희생되도록 내버려두고 자신들만 빠져나가는 사회 환경을 만들려고 한다면 오히려 그 분노 때문에 인종차별철폐 운동과 사회정의를 요구하는 움직임이 훼손될 것이다.

최근 들어 흑인을 대표하는 목소리를 실질적으로 내는 건 전부 특권을 지닌 흑인들이다. 이들은 흑인 빈곤층이나 노동계급에 관해 자주 언급하지만, 정작 이들과 손을 잡거나 이들을 대변하지는 않는다. 모든 흑인이 충만한 삶을 잘 영위하도록 이런 문화를 바꾸기 위해 헌신하고 정의를 위해 노력하는 소수의 특권계급 흑인이 존재하기는 하나, 지배적인 백인 사회가 근본적으로 기회주의적이거나 부패한 사람을 주시하기에 이들의 존재는 종종 빛을 잃는다. 주류에게 선택받고 권위 있는 위치에 지명된 이 보수적인 흑인 엘리트들은 소외계층 흑인의 삶에 영향을 미칠 공공 정책을 마련하거나 막을 뿐 아니라 자신들에게 동의하지 않거나 자기네 의지를 지지하지 않는 흑인들을 단속하기도 한다. 구직을 방해하거나 그들의 발언이나 글을 알려지지 못하게 막거나, 다양한 형태로 심리적 테러를 가하는 식으로 실력 행사를 한다.

흑인 엘리트는 가능할 때면 자기네 계급 권력을 동원해 자신과 반대되는 흑인들을 검열하고 침묵시킨다. 특히 백인의 주류 미디어를 좀더 활용하고, 온갖 권력 수단을 동원해 반대편 흑인들의 목소리를 잠재운다. 이들은 말과 행동을, 이론과 실천을 연결지을 만큼 정의를 위해 고군분투하는 외로운 개인들의 힘을 분산시키고자 흑인의 목소리를 검열하고 고립시킨다. 이데올로기 면에서 보자면 이들은 모두가 부패했으며, 자신의 성취와 지위를 통해 특권계급이 된 모든 흑인이 특권 없는 사람을 배신한다는 잘못된 가정을 영구화한다. 이런 사고가 널리 받아들여지면 흑인 엘리트들은 더이상 비판이나 노출을 걱정하지 않아도 된다. 이들은 가난하고 하층계급인 사람들이 그들의 삶에 대해 아무것도 모르며 자기네가 행하는 모순적인 행동이나 배신을 폭로할 힘이 없음을 십분 활용한다. 그들은 반대 의견이 진보적이고 이상을 추구하는 소외계층에서 나왔건 그보다 더 급진적인 성향의 흑인 특권계급에서 나왔건 간에 반대자를 고립시키고 무시한다.

요즘 그 어느 때보다 많은 흑인이 부유한 상류계급으로 진입한다. 이제는 계급의 이익을 지키기 위한 연대가 인종 연대를 대체하고 있다. 이들은 소외된 흑인 대중을 뒤로할 뿐만 아니라 빈곤층에게 자행되는 착취와 억압을 지속할 지배체제와 결탁까지 한다. 소외계층과 빈곤층과 연대해 그러한 연대감 때문에 자원을 공유하도록 강요받는 중산층 흑인들과 달리, 상류계급에 편입된 흑인들은 자기 이익과 관련된 일이 아니라면 가난한 흑인에게는 아무런 관심이 없다. 세계적으로 손꼽히는 부자 마이클 조던이 이런 관점을 전형적으로 보여준다. 그는 어떤 대가를 치르더라도 자본주의의 이익에 헌신했기에 경제적으로 성공할 수 있었다. 주류 사회에서 마이클 조던은 식민지화된 정신으로 계급 권력을 강화할 수 있음을 보여주는 전 지구적인 예이다. '마이클 조던처럼 생각하는' 부유한 상류층 흑인이 무수하지만 대중의 눈에는 안 보이거나 눈에 띄더라도 지배계급 엘리트의 가치관을 내면화했음을 공공연하게 드러내지는 않는다.

하버드대 교수이자 이 사회를 대변하는 가장 영향력 있는 흑인으로 백인 주류 사회에서 손꼽는 헨리 루이스 게이츠 주니어가 공영 방송 프로그램에 출연해 계급을 불문하고 흑인들이라면 공통된 관점을 공유한다는 통념에 솔직하게 이의를 제기하자, 이전까지 그의 성공에 대한 흑인들의 반응과는 사뭇 다른 비판이 쏟아졌다. 그런 비판이 쏟아졌어도, 그는 물론이고 그와 비슷하게 살아가는 많은 사람이 긍정적이든 부정적이든 흑인의 반응을 영향력 있다거나 중요하다고 받아들이지 않는다. 흑인들은 흑인 엘리트를 백악관으로 부를 권력도 없고 흑인 엘리트들에게 전례없는 명성과 지위, 금전적 보상을 안겨주지도 못하니 말이다.

소외계층 흑인 집단에게 교육을 잘못함으로써 비진보적 흑인 엘리트의 계급 권력이 강화됐다. 한때 빈곤층과 노동계급을 경제적으로 지원하던 식으로 적극적인 지원이 따르지 않으면, 이들 흑인은 재능 있는 10퍼센트에 절대로 들어갈 수 없다. 자신의 출신 계급과 아직 연결되어 있으며 특권계급의 세상에 이견을 야기할 수도 있는 이들은 흑인 사회에 형성된 계급의 역학관계를 직접 경험해 가장 잘 이해할 만한 위치이므로, 고등교육을 접할 기회를 주지 않음으로써 이들을 전략적으로 억압할 수 있다. 좋은 교육을 받지 못해 사고의 폭이 협소해지고 비판적으로 사고할 능력이 강화되지 않는다면, 이들이 현상 유지를 위협할 가능성도 줄어든다. 가난한 노동계급 출신 흑인 가운데 엘리트 수준으로 교육받는 학생들이 점점 줄어든다. 그들에게는 그저 재산이 없을 뿐이다. 지원을 받은 몇몇 학생들도 부유한 상대방의 보수적인 사고방식을 그대로 받아들일 가능성이 크다.

경제적 원조 덕에 대학 교육을 받긴 했어도 부자가 되겠다거나 그 당시 아직 자리잡지 못한 주류 흑인 엘리트 대열에 들어가겠다는 환상에 현혹되지 않았던 (가난한 노동계급 출신으로 1960년대 말에서 1970년대에 어린 시절을 보낸) 내 세대와 달리, 오늘날 소외계층 아이들은 현상을 유지하기 위해 제공되는 유혹에 더 쉽게 넘어간다. 이 아이들은 자신들의 의식화를 함양하고 응당 저항할 수 있도록 자신들을 지지해줄, 사회정의를 위한 조직적이고 선구적이며 급진적인 운동을 경험하지 못했으므로 반대 목소리 내기를 두려워한다. 십중팔구 이들은 인종차별이 사라지든 말든 자신과는 상관없다고 말할 것이다. 흑인 대다수가 가난한 것은 지배계급이 조직적인 착취와 억압을 자행해서가 아니라 먹고살 기술, 의지력, 노하우가 부족해서라고 믿을 가능성이 더 크다. 주류문화는 이들에게 성공하려면 어떻게 해야만 하는지 가르쳤고 이들은 이런 사고방식에 젖어들었다. 이들은 무슨 수단을 써서라도 가장 꼭대기 계급으로 올라갈 준비가 되어 있다. 최고로 올라가는 길목 적재적소에 타락한 '재능 있는 10퍼센트'가 나타나 그들에게 길을 안내해줄 것이다.

주목할 점은 점점 더 많은 특권계급 흑인이 빈곤층과 소외계층에 속한 흑인을 멸시하고 배신하지만, 이들은 자신의 계급 권력에 초점을 맞추지 않기에 자기 자신에 대한 비난과 대립을 피한다는 사실이다. 1990년대만 해도 그들은 인종에 관해 이야기하되 계급을 무시했다. 흑인이라면 누구나 자신이 어떤 계급에 속하건 정도의 차이는 있더라도 인종차별 때문에 상처받으리라는 사실을 안다. 계급 권력과 특권으로 이런 고통을 줄일 수 있는 구체적인 방법을 상세히 아는 흑인은 몇 없었다. 일부 흑인들은 인종차별에도 불구하고 사치스럽게 살 수도 있었다. 안타깝게도 인종차별로 인한 고통을 피하거나 흑인에게 자행되는 학살로부터 자신을 지키기 위해 이 일부 흑인들은 인종차별방지 운동에서 진행되는 모든 형태의 인종적 유대를 포기하며 자신의 계급적 이익을 지킨다. 결국 이들은 자신과 같은 흑인을 배신한다. 계급에 상관없이 모든 흑인의 공익을 보호할 방법을 가장 잘 알고 있으며 가장 잘 보호할 위치에 있는 척함으로써 자신의 사회적 지위와 대중에 비친 이미지를 유지하면서도, 그 사람들을 배신한다.

소수의 특권계급은 흑인 엘리트의 계급 권력을 두고 흑인이든 누구든 비난한다면 이는 질투일 뿐이라는 믿음을 나머지 흑인들에게 불어넣는다. 또는 계급에 관해 말을 꺼내려고 하면, 흑인의 지위 향상과 연대를 방해하는 짓이라고 느끼게 만든다. 흑인 대중은 흑인 사회 내부에 형성된 계급 분열을 몸소 겪는다. 흑인 엘리트와 달리 그들은 계급에 대해서 말할 때 수치심이나 두려움을 전혀 느끼지 않는다. 단지 그런 의견을 널리 알릴 수단이 거의 혹은 아예 없을 뿐이다. 급진적인 성향이며 어느 정도 계급 특권까지 갖춘 흑인이라면 용기내어 계급에 대해 말해야 한다. 인종차별반대 운동의 일환인 인종 연대를 통해 계급 엘리트주의의 종식이 얼마나 중요한지 인식할 수 있고, 종종 인식되며, 인식해야만 한다.

다양한 흑인 공동체에서 나타나는 계급 정치에 대한 조심스러운 비판은 흑인의 자기결정권을 추구하는 진보적인 투쟁의 역동적인 측면이며, 또 그래야만 한다. 상위계층으로 이동하기 위해 반드시 밑바닥 사람들을 밟고 올라갈 필요는 없다. 그렇지만 소외계층과의 연대나 그들의 운명에 대한 책임을 외면하지 않고도 계급 특권을 어느 정도 획득하는 구체적인 방법을 더 알아야 할 필요는 있다. 더 보수적이고 자유주의자인 상류계급 흑인이 흑인들에게 잔인함과 착취를 자행하는 현실을 부인하려고 할 때 상류계급에 속한 진보적인 흑인이 개입해야 한다.

우리는 사회적 약자가 스스로의 운명을 개척할 기회조차 주지 않으려는 특권층에게 용감하게 맞서야 한다. 특권층은 교육이 가치 없다고 여겨지는 곳으로, 폭력이 매력적인 곳으로, 가난한 사람이 비인간적으로 취급되는 곳으로 흑인이라는 초상肖像을 만들어냈다. 백인들만 이런 이미지를 만든 게 아니다. 기존의 백인우월주의 자본주의 가부장제에서 성공하려는 수많은 흑인이 기꺼이 백인우월주의 사상과 행동을 수용하였음을 이해한다면, 그들이 대중에 자행하는 억압과 착취에 맞서고 저항하기 위해서는 더욱 정교한 전략을 수립해야 한다. 그들을 '흑인'이 아니라고 하거나 '톰 아저씨'라고 부르는 것은, 사회정의를 추구하는 실현 가능한 인종차별반대 운동이라면 현상 유지에 급급한 흑인들의 생각을 바꾸고 전향시킬 프로그램을 가져야만 한다는 현실을 어떤 식으로든 의미 있는 방식으로 거론하지 않는 피상적인 비판일 뿐이다. 전향시킨다면 권한을 부여하는 셈이지만 비판적으로 공격해서는 소외시킬 뿐이다.

각계각층 출신의 선구적인 흑인 사상가가 다른 계급에 군림하지 않고도 권한을 분산하는 사상을 포용하는 전략과 생활방식을 만들지 못하는 한, 흑인들의 자결을 향한 모든 노력은 무산될 것이다. 빈곤층과 소외계급의 흑인들이 건설적인 계급 연대를 만들 수 있다면, 그들의 요구가 분명하게 표현되고 다뤄질 것이라는 희망이 있다. 진보적인 흑인 '엘리트'는 보수적인 '엘리트'에게 인도적으로 맞서고 도전해야 한다. 우리는 억압적 지배를 끝내기 위해 연대의 이상을 강화해야 하는데, 계급 특권을 가진 흑인과 날마다 계급 권력을 빼앗기는 대다수 흑인 사이에서 점점 커지는 계급적 적대감에 건설적으로 개입하고 계급 차별에 현실적으로 맞서는 인종차별반대 운동도 여기에 포함된다. 능력 있는

10퍼센트 리더십으로 돌아갈 필요는 없지만, 모두를 위한 사회 정의를 위해 꾸준하게 헌신한 이들의 유산은 활용해야 한다. 듀보이스가 그런 이상의 핵심이었던 자유로운 흑인 자결의 꿈을 단단하게 받쳐주는 그 유산에 의지해야 한다.

9장

# 페미니즘과 계급 권력

혁명적 페미니즘 사고는 항상 여자들 사이의 계급차별 문제를 제기했다. 페미니즘이 태동할 때부터 페미니즘 운동 내부에는 기본적으로 기존의 계급투쟁 내에서 여성에게 동등한 권리를 요구하는 개혁주의적인 해방 모델과 기존의 구조를 근본적으로 뜯어고쳐서 낡은 패러다임을 몰아내고 상호관계와 평등의 모델을 세워야 한다고 주장하는 좀더 급진적이거나 혁명적인 모델 사이의 알력이 존재해왔다. 일단 흑인들이 더 많은 취업의 기회를 얻게 되자 계급적 편견을 철폐하라는 호전적인 흑인 해방 운동이 불필요하게 여겨졌듯이, 여자들 특히 고학력자인 상류계급 백인 여성도 백인 남성과 동등한 계급 권력을 쥐게 되자 혁명적 페미니즘은 밀려나고 개혁적 페미니즘이 주류가 됐다.

현대적인 페미니즘 운동이 처음 시작되었을 때 대중매체의 관심을 받았던 이유는 특권계급 여성들이 자신의 계급과 그 계급 내 가부장적 위계질서에 반기를 들었기 때문이었다. 그 결과, 정작 대중의 관심을 끈 이슈는 일하는 여성이나 여성 대다수와는 별 상관이 없었다. 베티 프리던은 가정주부로서 집에만 묶여 종속된 처지를 불만스러워하는 사람들을 '이름 없는 문제'라고 완곡하게 표현했는데 이때 글에서 다룬 집단이 상류계급에 속하는 소수의 엘리트 백인 여성이었다. 그들의 문제는 젠더와 계급 정치 양쪽 모두와 관련이 있었는데, 그들이 집안일만 하며 지내는 위험성에 대해 불만을 토로할 때 이 나라의 여자들 중 상당수가 일터에 있었기 때문이다. 게다가 일하는 여자들은 장시간 일하고 낮은 급료를 받으면서 집안일도 도맡았기에 오히려 집에서 살림만 할 수 있는 권리가 '자유'인 것 같았다.

특권계급 여자들이 직업을 가질 수 없었던 이유는 성차별이나 여성 억압 때문이 아니었다. 그들에게 열린 일자리가 다른 모든 여성과 마찬가지로 저임금 단순노동직뿐이었다는 게 문제였다. 고학력자인 이 엘리트 여성은 중산층과 노동계급의 여자들이 주로 도맡는 일을 하느니 차라리 가정주부로 집에 머무르기로 했다. 간혹 이중 소수가 집을 나와 직장을 구해 자신의 학력 수준에 훨씬 못 미치는 일을 하며 종종 남편의 반대를 사기도 했다. 바로 이러한 반대 때문에 여성이 직장을 가지고 일하는 문제가 성차별 문제로 뒤바뀌고 가부장제에 반대하는 것이 계급투쟁보다 변화를 위한 정치적 플랫폼으로 여겨진 것이다.

처음부터 계급특권을 가진 백인 개혁주의자 여성들은 자신이 원하는 권력과 자유가 뭔지 잘 알았다. 이들은 자신과 같은 계급의 남자와 동일한 자유를 향유하고자 했다. 이들은 가정에서의 가부장제에 저항함으로써 남자들의 지배에 진절머리가 난 모든 계급의 여성을 규합하는 연결고리를 확보했다. 인종과 계급을 떠나 레즈비언들이 가부장제에 대한 현대 여성들의 저항을 급진적으로 바꾸는 선봉에 섰다. 이는 성적 선호 때문에 이들이 가정에서든 직장에서든 이미 이성애자가 특권을 누리는 영역 밖으로 내몰려서이기도 했다. 어떤 계급이건 이들은 사회에서 이방인이며 가부장제 사회에서 학대와 경멸을 받는 대상이었다. 게다가 이성애자 여성과 달리 이들은 경제적인 면에서 남자에게 기대지 않았다. 그들은 동일 노동에 동일 임금을 원했고 그것이 필요하기도 했다. 상당히 혁명적이거나 급진적인 페미니즘 사상은 가부장제 사회에서 여성의 역할에 대해 훨씬 일찍부터 고민하고 맞섰던 레즈비언들의 경험의 소산이다.

처음으로 모두가 이해 가능한 표현을 사용해서 집단과 의식화 그룹 내에서 계급 문제를 제기한 건 레즈비언 페미니즘 이론가들이었다. 고학력 좌익 성향의 이성애자 여자들이 쓴 계급에 관한 글을 보면 전문 학술용어라는 덫에 사로잡혀서 대다수 여성에게 그 글에 실린 메시지를 제대로 전달할 수 없었다. 1970년대 초, 샬럿 번치와 낸시 마이런이 엮은 『계급과 페미니즘*Class and Feminism*』 같은 선집에는 페미니즘 집단 내에서 계급차별 문제에 맞선 다양한 계급 출신 여성들의 글이 담겨 있다. 어느 에세이를 봐도 계급이 단순히 돈 문제가 아니라고 강조한다. (당시에는 그리 유명한 작가가 아니었던) 리타 메이 브라운은 「마지막 지푸라기The Last Straw」에서 이렇게 명확히 밝혔다. "마르크스는 생산 수단과의 관계라고 계급을 정의했으나 계급은 그보다 훨씬 더 큰 의미를 품는다. 계급은 당신의 행동과 기본적인 전제, 행동거지에 관해 배운 것, 자신과 남에게 기대하는 것, 미래에 대한 생각, 문제를 이해하고 해결하는 방식, 생각하고 느끼는 방식 등 온갖 것과 관련된다." 다양한 계급 출신자로 이루어진 페미니즘 그룹에 참가한 여자들은, 계급 문제에 맞서지 않는 한 모든 여성이 힘을 모아 가부장제와 싸우는 단합된 자매애라는 이상이 출현하지 않으리라는 사실을 처음으로 깨달았다.

물론 계급을 의제로 올리자 이번에는 계급과 인종이 얽힌 상황에 직면했다. 그러자 흑인 여성이 이 사회의 경제 피라미드에서 최하층에 자리한다는 점이 명확해졌다. 처음에는 노동계급 출신으로 고학력인 백인 여자들이 페미니즘 운동에 참가한 모든 계급의 흑인 여자들보다 더 부각되었다. 이들 흑인 여자들은 운동권 내에서 소수였지만 온갖 일을 겪은 운동가였다. 이들은 인종과 계급, 젠더의 지배에 저항하면 어떤 대가를 치르는지를 특권계급의 백인 자매들보다 더 잘 알았다. 이들은 밑바닥에서 위로 올라가는 일이 무엇인지 잘 알았다. 이들과 특권계급 동지들은 적절한 행동노선을 놓고 늘 충돌했다. 콜레타 리드와 샬럿 번치는 「혁명은 가정에서 시작된다Revolution Begins at Home」라는 에세이에서 서로 다른 계급에서의 경험을 이렇게 묘사했다. "모든 것을 쉽게만 얻어왔던 중산층, 특히 중산층 여자들이 종종 특권에 부수적으로 따르는 수동성을 보인다. 특권계급 사람들은 뭔가를 얻기 위해 직접 싸우거나 노력할 필요가 없겠다고 편리하게 생각할 수도 있다. 모든 것이 알아서 잘 풀릴 것이라고 말이다. 중산층에 기대되는 규칙을 잘 지키기만 하면 성공했기 때문에 이들은 잘 나서거나 교조적이거나 적대적이거나 편협한 태도를 좋아하지 않는다." 급진적 페미니즘 운동에서 특권계급 여자들은 도전에 대항하는 구체적인 계급투쟁의 정치만이 아니라 주장을 내세우는 기술과 분쟁에 대처하는 건설적인 방법까지 소외계층 여성에게 배웠다.

그러나 개혁주의를 신봉하는 지지자 사이에서는 상황이

달랐다. 특권계급의 백인 여자들은 종종 자신과 계급이나 인종이 다른 여자들에게 이 운동은 자기네 것이라고, 자신들이 책임자라고, 자기네 필요에 따라 의제를 결정할 것이라고 못을 박았다. 개혁주의 페미니즘에서는 기존의 사회구조 내에서 특권을 소유한 남자들과 동등한 사회적 권리를 획득하는 데 초점을 맞췄다. 이는 유색인종에게 경제력과 특권을 소유할 동등한 기회가 주어지면 백인의 권력이 줄어들 것이라고 두려워하는 백인우월주의 자본주의 가부장제를 따르는 이들의 두려움과 일맥상통했다. 사실상 백인 권력이 된 개혁주의 페미니즘을 지지하는 것은 주류인 백인 남성 가부장제가 쥔 권력을 더욱 강화하면서 동시에 급진적 페미니즘 정치를 약화시키는 일이다. 혁명적 백인 페미니즘 사상가들은 대안 언론을 통해 이런 움직임에 분노를 표명했다. 메리 바풋은 자신의 에세이집 『흑인 학살의 도래*The Coming of Black Genocide*』에서 대담한 주장을 펼쳤다. "여기 상처받고 분노에 떠는, 1970년대 여성 운동이 자매애를 의미했다고 믿는, 그렇기에 출세 코스를 밟은 여자들에게 배신감을 느끼는 백인 여자들이 있다. 가부장제가 버티고 있는 가정으로 돌아간 여자들에게 말이다. 그런데 그 여성들은 한 번도 가부장의 곁을 떠난 적이 없다…… 애초에 전쟁은 없었다. 그러므로 해방도 없었다. 우리는 학살로 거둔 제 몫의 이익을 받았고 이를 향유한다. 우리는 가부장제의 자매들이며 국가와 계급 압제의 지지자들이다…… 최고의 가부장제는 전 세계에 퍼져 있는 유럽 제국주의이다. 만약 우리가 남자의 자매로 그가 얻은 것을 원한다면 결국 그가 모든 것을 다 가지게 해준 체제를 옹호하게 될 것이다." 더욱 급진적인 페미니즘을 배신한 것은 개혁주의 백인 여성만이 아니었다.

페미니즘에 대해 애매한 태도를 취한, 지위 향상에 성공한 수많은 유색인종 여자들도 젠더 정의를 이루기 위한 투쟁에서 얻은 과실(승진, 리더의 자리 등)을 챙겼다. 백인 여자들처럼 이들도 페미니즘을 이용해 자신의 계급 지위와 권력을 강화했다. 미국 페미니즘은 계급을 기반으로 학문화가 진행되면서 급진적인 사회 변화에는 무관심한 기회주의적인 남녀의 젠더 연구의 장으로 온건화되었다. 역설적이게도 인종과 인종차별 문제에 집중하는 페미니즘의 새로운 경향 때문에 계급 이슈에서 관심이 멀어졌다. 1980년대 들어 수많은 백인 여성 페미니스트가 서서히 인종 문제를 거론하고 인종차별을 인정했지만, 정작 자신의 계급주의와 두려움, 거들먹거림, 빈곤층과 노동계급에 대한 노골적인 증오 문제에는 입을 꾹 다물었다. 1990년대가 되자 백인 여자들은 자연스럽게 인종 문제를 기존의 젠더 연구에 접목했으나 이러한 학문적 연구를 백인우월주의 자본주의 가부장제에 도전하는 조직적인 페미니즘 운동과는 연결짓지 않았다.

특권계급 여자들이 같은 계급의 남자들이 보유한 경제력에 접근할 기회가 더 많아지자, 계급에 대한 페미니즘적 논의가 더는 일반적이지 않게 되었다. 대신 부유한 여자들의 경제적 성공이야말로 모든 여자에게 좋은 징조라고 부추겼다. 사실 특권계급 여성이 경제적으로 성공한대도 수많은 가난한 여자들과 노동계급 여자들의 운명까지는 바꾸지 않는다. 게다가 특권계급 남자들은 살림을 돌보지 않았기 때문에 인종을 불문하고 특권계급 여자들이 획득한 자유로 인해 노동계급 여자들의 지속적인 종속이 필요해졌다. 특권계급 여자들이 일하러 나가면 누군가는 그 집에서 집안일을 대신해야 할 테니 말이다.

특권계급의 여자들이 경제력과 사회적 지위 획득을 꾀하면서 계급 문제에도 맞서겠다는 페미니즘의 주장을 양립해갈 방법은 없다. 계급을 불문하고 가부장적인 남자들은 페미니즘 혁명에 동참하지 않았으며 자신의 의식과 행동을 바꿔 대부분 백인인 특권계급 여자들이 같은 계급의 남자와 동등한 권리를 얻도록 나서지도 않았다. 그렇기에 특권계급 여자들은 젠더를 바탕으로 노동계급과 가난한 여자들에게 이뤄지는 경제적 착취와 종속을 받아들이고 묵과할 수밖에 없었다. 예를 들어 페미니즘 운동이 시작되었을 때만 해도 주로 이민 온 유색인종의 다른 여자들을 (낮은 임금, 불합리한 노동 시간으로) 착취해서 집안일과 아이를 맡기고 자신은 '해방되어' 밖에 나가서 일하는 상황은 정치적으로 옳지 않았다. 운동이 진전되고 여자들이 더 많은 계급 권력을 획득하자 이런 관행은 점점 일상화되었다.

1990년대에 나타난 기존 사회 구조와 페미니즘의 결탁은 소위 해방의 대가였다. 결국, 대부분의 특권계급 백인 여자들과 지위 향상에 성공한 다른 인종의 여자들은 자신의, 그리고 자신이 착취하고 억압한 자매들의 자유보다는 같은 계급의 남자들과 똑같은 계급 특권과 사회적 평등을 원했다. 이러한 풍조는 페미니즘 운동에 불안을 야기했다. 게다가 개혁주의 페미니즘에 대한 비판이 옳았음을 제대로 입증했다. 즉 백인 남자들이 중상류층 백인 가정의 계급 권력 약화(경제 침체가 그 직접적인 원인이었다)를 막기 위해 직장에서 여자에게 동등한 권리를 부여해야 한다고 주장하게 된 것이다. 공교롭게도, 백인 여자들이 재빨리 주된 수혜자가 되었기에 흑인을 위해 이루어진 시민권 운동으로 거둔 긍정적인 성과를 직접적으로 훼손해버렸다.

여자들이 계급적 지위와 계급 권력을 더 많이 획득하는 과정이 남자들의 방식과 별반 다르지 않자 페미니즘 정치의 이미지가 훼손되었다. 많은 여자가 배신감을 느꼈다. 페미니즘이 부르짖는 구호에 이끌려 직장생활을 시작한 중류층과 중하층계급의 여자들은 집밖에서 일한다고 해서 집안

일을 가족 구성원과 분담하는 게 아니라는 가혹한 현실을 접하자 결코 '해방된' 기분을 느낄 수 없었다. 무과실 이혼이 결국 여자보다 남자에게 경제적으로 더 이롭다는 사실이 입증되었다. 이혼이 보편화되면서, 특권계급이나 노동계급 남편이 돈을 벌어오는 동안 무보수 가사노동만 오랫동안 해온 아내들은 경제적으로 더욱 고통을 받았다. 이런 여자들은 자신을 전업주부로 주저앉힌 전통적인 성차별에도, 출신 계급이 뭐든 간에 오랫동안 전업주부로만 살아온 나이든 여자는 사회에서 취직할 기회가 별로 없다는 사실을 알려주지도 않고 일이 곧 해방이라고 주장한 페미니즘에도 분노했다.

수많은 흑인 여성과 다른 유색인종 여성도 직장에서 개혁주의 페미니스트로 구성된 그 어떤 집단보다 특권계급 백인 여자들이 경제적으로 더 많은 이익을 얻는다는 사실을 깨닫고 페미니즘은 백인 여자의 것임을 재확인했다. 이에 관해 특권계급 백인 남자들은 처음부터 여성 해방 운동은 일터에서 흑인 남자와 유색인종 남자에게 제 주제를 알려주려는 방편이었다는 주장을 더욱 확신하게 되었다. 이렇듯 성차별적인 남자들은 급진적이거나 혁명적인 페미니즘 사상가들과 힘을 합쳐 운동을 주도하는 개혁주의 페미니즘을 몰아내고 더욱 진보적인 전략을 수립하는 데는 전혀 관심이 없다.

급진적이거나 혁명적 페미니즘은 계급차별을 비판하고 이에 도전하는 페미니즘 운동의 이상을 계속해서 제시했다. 일이 곧 해방이라는 개혁주의 페미니즘의 피상적인 주장과 달리, 사회 변화를 추구하는 선구적인 패러다임을 내놓으며 비판적인 의식화를 위한 교육이 페미니즘 변혁을 시작하는 첫걸음이라 주장했다. 그렇게 되면 여자와 남자, 아이들은 일을 하든 하지 않든 페미니즘 정치를 옹호할 것이기 때문이다. 그렇게 시작한 다음에 이 사회의 모든 분야에 개입하는 게 그다음 단계다. 그 개입은 개혁이나 급진적인 변화의 형태로 이뤄질 것이다. 예를 들어보자. 페미니즘 이론을 만들었지만 박사학위는 없는 급진적이거나 혁명적인 페미니스트들은 기존의 가부장적 교육제도에서 좀더 경력을 쌓지 않는다면 우리의 노력이 완전히 무시당할 것을 안다. 우리 중에는 이 상황을 학위에 관심이 없더라도 어쩔 수 없이 박사학위를 따야 한다고 받아들인 사람도 있었다. 현체제 내에서 성공하려면 우리의 페미니즘 정치와 가치관을 타협하지 않으면서도 운동을 계속 진행할 전략을 마련해야 했다. 쉽지 않았지만 우리는 결국 해냈다. 노동계급 출신이었던 일부는 계급적 지위를 바꾸었고 특권계급에 진입했다. 우리는 경제적 자립을 페미니즘 운동이 추구하는 중요한 목표로 꼽았다. 그러나 우리는 계급 특권이 없는 사람들과의 연대를 저버리지 않고도 계급 권력을 얻으리라 믿었다. 그 믿음은 경험으로 확인되었다. 단순하게 살기와 자원 공유하기, 쾌락적인 소비주의와 탐욕의 정치에 빠지지 않기를 실천하는 게 이 목표를 달성하는 데 도움이 됐다. 부자 되기가 아니라 경제적으로 자립하기가 우리의 목표였다. 우리는 경험을 통해 여자가 기존의 자본주의적 가부장제와 결탁해야 경제적으로 성공할 수 있다는 전제가 틀렸음을 입증했다.

안타깝게도 남자든 여자든 급진적이거나 혁명적인 페미니즘 사상가의 연구는 폭넓은 관심을 거의 못 받는다. 관심을 받더라도 페미니스트 행세를 하는 보수파 때문에 의미가 퇴색되곤 한다. 페미니즘의 기본적인 정의는 성차별, 그리고 성차별주의자들의 착취와 억압을 종식하려는 운동이다. 페미니스트이면서 보수주의자일 수는 없다. 이는 근본적으로 모순된다. 물론 자신의 계급적 이익을 보호하고자 한 보수적이며 진보적인 친가부장적 성향의 여자들은 대중매체를 효과적으로 활용해 논점을 흐리고 마치 페미니즘이 모두의 뜻을 맞춰줄 수 있는 양 보이게 했다. 개혁주의 페미니즘을 주류로 만든 사상가들은 급진적인 이론과 실제를 모호하게 만드는 것이 이득이므로 보수적인 가부장제를 지지하는 세력과 결탁해 페미니즘 운동은 더는 중요하지 않고 우리는 이미 '포스트 페미니즘' 단계를 살아가고 있으며 자유는 불가능하다는 메시지를 명확히 하려 했다. 이러한 입장에서는 기존의 계급 구조 내에서 원하는 바를 얻는 게 유일한 희망이다. 역설적으로, 반페미니즘적인 공공 정책이 페미니즘 운동으로 획득한 권리를 야금야금 갉아먹는 바람에, 백인우월주의 자본주의 가부장제와 결탁해 계급 특권을 획득한 여자들도 결국에는 모든 것을 잃을 것이다.

여권 해방 운동이 품을 수 있는 유일한 진짜 희망은 여자들을 지속해서 착취하고 억압하는 계급차별과 인종차별, 성차별이 얽히고설킨 양상을 고려한 사회의 변화이다. 서구 여자들은 전 세계에 퍼진 백인우월주의적 가부장제가 제3세계 여자들을 노예로 만들거나 종속시킨 덕에 계급 권력과 과거보다 더 커진 젠더 불평등에 도달할 수 있었다. 이 나라에서는 교도소 산업이 호황을 맞고 노동자 재교육을 지향하는 복지가 보수적인 이민 정책과 결합한 결과, 고용계약서를 쓰는 노예제도를 묵과하는 조건이 만들어졌다. 복지를 포기하면 더 많은 여자와 아이가 새로운 소외계층이 되어 기존 지배 구조에 의해 학대와 착취를 받을 것이다. 그렇게 특권계급 여자들의 '자유'가 종속된 집단이 노예화되었느냐에 좌우된다는 사실이 더욱 명백해진다.

빈부격차가 확대되고, 빈곤의 여성화가 지속되면서 이 나라의 계급 현실이 계속 변한다는 점을 감안하면, 대중을 기반으로 한 급진적인 페미니즘 운동이 절실하다. 급진적인 페미니즘 운동이 개혁으로 발생한 긍정적인 결실을 포함해 과거의 장점을 바탕으로 세워질 수 있는 한편 새로운 방향을 제시하고 기존 페미니즘 이론과 운동에 유의미한 물음을 던질 수 있다고 본 건 그저 오판이었다. 이상을 꿈꾸는 운동이라면 무엇보다 노동계급과 빈곤층 여자들이 처한 구체적인 조건에 뿌리를 두어야 한다. 즉 사람들이 있는 바로 그곳에서 비판적 의식에 관한 교육이 이루어지는 운동을 만들어야 한다. 여자들도 장만할 수 있는 저소득층을 위한 주택을 세우는 것은 아직 늦지 않았다. 노동계급과 빈곤층 여자들이 점진적인 근로 자활 및 복지 정책을 통해 자기 집을 소유할 기회를 접할 수만 있다면 자유에 한 걸음 더 다가갈 수 있다. 페미니즘 원칙을 토대로 한 주택 조합을 결성하는 것도 페미니즘 운동이 대중에 좀더 다가갈 수 있는 방법이다. 지금 이야기한 것은 꼭 진행해야 하는 사업의 몇 가지 예일 뿐이다.

개혁주의 이론가들이 페미니즘 정치를 훼손하기 위해 계급 문제를 조작했지만 이는 우리 사회에서 여성과 아동의 문제에 일차적인 방식으로 초점을 맞추고 사회정의를 위해 애쓴 유일한 운동임에 틀림이 없다. 만약 여성이 인종주의와 계급차별을 철폐하는 운동에서 의미 있는 역할을 담당하려 한다면, 우선 페미니즘의식부터 가져야 한다. 페미니즘 운동을 버리는 것은 담합의 또다른 몸짓이다. 급진적이거나 혁명적인 페미니즘 정치는 모든 계급의 여성과 남성에게 힘을 실어주는 전략뿐만 아니라 희망의 메시지도 전한다. 페미니즘 운동은 우리 모두를 위한 것이다.

10장

# 백인 빈곤:
# 보이지 않는 정치

나는 인종 분리 정책이 시행되던 남부에서 자랐는데 거기서 벌어지는 가난한 백인과 흑인 사이의 알력 다툼만큼 강렬하거나 씁쓸한 인종 충돌은 없었다. 피부가 하얀 '크래커나 페커우드'(빈곤층 백인을 지칭하는 속어)라 해도 가장 부유한 흑인보다 더 많은 권력과 특혜를 누린다는 걸 남부에서 모르는 흑인이 없었다. 그런데 크래커니 페커우드니 하는 비속어는 흑인이 아니라 계급 특권을 가진 백인이 자신과 가난한 '백인 쓰레기'를 구분하기 위해 만든 멸칭이었다. 적어도 표면적으로는 마음대로 다른 사람을 짓밟을 수 있었기에 인종차별주의자인 가난한 백인의 생활이 괜찮아 보였지만, 실질적으로 그들은 흑인에게만 군림할 수 있었다. 그들은 특권계급인 백인에게 괴롭힘을 당하면 그 분노와 계급적 증오를 흑인에게 쏟았다.

지배계급의 문화가 가난한 흑인들의 전형으로 삼은 이미지와 달리 계급의 고정관념에 따르면 가난한 백인은 피부병과 형편없는 치아 위생, 머릿결 등으로 금방 알아볼 수 있었다. 이런 증상은 모두 영양 상태가 나쁜 탓이었다. 가난한 남부 흑인은 돈이 없을 때가 많아도 집에서 직접 기른 가축과 채소를 먹었다. 한편 가난한 백인은 종종 영양실조에 걸렸다. 인종차별 정책하에서 흑인 아이들은 그 어떤 백인보다 가난한 백인이 무섭다고 배웠는데, 그들은 잔인하고 야만적인 폭력 행위로 인종차별의식을 드러냈기 때문이다. 특권계급을 가진 백인들은 흑인에게 자행되는 이런 폭력을 비난했지만 단 한 번도 공개적으로 반대하지는 않았는데, 그렇게 한다면 백인보다 흑인의 의사를 중시한다는 뜻이니 백인우월주의에 불충한 짓이기 때문이었다. 가난한 백인이 흑인에게 자행하는 폭력을 특권계급 백인이 반대했다가는 쉽게 명성을 더럽히고 '깜둥이 성애자'로 몰릴 위험까지 있었다.

내가 아주 어렸을 때 우리 가족은 근처에 아무도 없는 언덕 위의 집에서 살았다. 가장 가까운 이웃은 '백인 쓰레기'였는데, 이들은 여느 가난한 백인과는 달랐다. 백인 쓰레기는 가난을 과시하고 가난을 즐기며 가난하다는 사실을 전혀 부끄러워하지 않는다는 점에서 여느 가난한 백인과 달랐다. 가난한 백인은 가난한 흑인과 마찬가지로 열심히 일자리를 구했고 존중받을 권리를 주장했다. 그들은 법을 준수하고 애국심도 있었다. 백인 쓰레기는 자신이 법보다 위에 있다고 믿었고 그렇기에 위험한 존재였다. 우리 이웃들의 표현을 빌리자면 백인 쓰레기는 "죽어도 착한 짓은 하지 않았다". 그들은 신의 이름을 헛되이 거론하기를 두려워하지 않았다. 가난한 백인들은 대체로 흑인과 가까이 살려 하지 않았다. 하지만 백인 쓰레기는 아무데나 살았다. 콘스턴스 펜리는 『백인 쓰레기-미국의 인종과 계급 *White Trash: Race and Class in America*』라는 선집에 실린 「크래커와 웨커Crackers and Whackers」에서 이렇게 주장했다. "남부의 백인 아이들은 백인 쓰레기가 천한 사람 중에서도 가장 천하다고 배우는데, 그들이 사회적으로나 경제적으로 너무나 바닥으로 추락해서 흑인과 다름없을 정도이기 때문이다. 따라서 그들은 자존감이라고는 한줌도 없는 것처럼 보였다. 그렇게 그들이 스스로 얼마나 쓰레기인지를 자랑스럽게 과시할 때면 차마 눈뜨고 볼 수가 없었는데, 이런 행태는 결국 엄연한 계급 차이를 극성스럽게 들이대는 것에 불과했다…… 특권계급인 남부 백인들은 때때로 흑인보다 백인 쓰레기를 더 혐오했지만 결국 초록은 동색이라 백인이 모든 것을 해결한다는 신조를 저버리지 않았다."

우리의 '촌뜨기 백인 쓰레기' 이웃은 자신만의 규칙과 생활방식대로 살았다. 우리는 그들을 욕하지 않았는데, 비방의 고통을 잘 알았기 때문이다. 어머니는 그들도 우리와 똑같은 사람이니 존중해야 한다고 말씀하셨다. 그들은 우리 가족을 건드리지 않았고 우리도 그랬지만 그래도 무서웠다. 그들도 우리를 무서워한다고는 한 번도 생각하지 않았다. 그들은 항상 우리에게 놀러와서 함께 놀고 파티를 즐기자고 초대해주었다. 누구보다 점잖은 흑인들은 가난한 백인과 백인 쓰레기를 하류층 중에서도 최하류층으로 취급했다. 설령 그들이 좋은 사람들이어도 흑인들은 그들과 거리를 두어야 한다고 생각했다. 나는 가난한 백인 이웃과 너무 친하게 지낸다는 이유로 체벌을 당한 일을 지금도 기억한다. 그때는 내가 왜 맞아야 하는지도 몰랐다. 우리 부모님도 명확히 말씀하지 않으셨다. 그들의 집에서 무슨 일이 일어나기라도 하는 날에는 흑인인 우리가 모든 것을 뒤집어쓸 테고 그것이 짐 크로• 식 정의라는 사실을 말이다. 우리는 계급을 불문하고 누구든 백인 아이와는 어울리면 안 된다고 배웠지만 그동안 흑인들은 가난한 백인을 동정하고 때로는 경멸하기도 했다.

• 흑인을 비하해 부르는 호칭. 미국에서 19세기 말부터 20세기 중반까지 시행됐던, 남부의 공공기관에서 백인과 흑인을 분리하는 주법을 짐 크로 법이라고 불렀다.

인종분리 정책 철폐로 인해 모든 흑인 학교가 문을 닫았다. 우리는 통학버스를 타고 모두가 흑인인 지역에서 한 번도 접한 적 없는 백인의 세상으로 들어갔다. 백인 사이에도 계급이 나뉜다는 사실을 고등학교에 들어가면서 처음으로 알게 되었다. 가난한 백인 아이들은 자기네끼리 어울렸다. 부자인 백인 아이들은 가난한 백인 혹은 최악인 백인 쓰레기에게 말을 거느니 차라리 흑인 아이들에게 말을 걸곤 했다. 흑인 아이에게 말을 걸어도 그들이 집으로 놀러가겠다거나 영화 보러 같이 가자고 말할 위험이 없기 때문이다. 학교 문턱을 나서면 인종 경계가 다시 생겨났다. 상호우정은 기대할 수 없었다. 특권계급 백인이 소외계층 백인에게 관심을 보인다면 헷갈릴 수도 있었다. 아무도 오해하지 않도록 계급 간 경계를 확실히 지켜야 했다. 한편 흑인과 백인 사이에는 오해의 소지가 전혀 없었다. 어차피 두 부류는 만나지도 어울리지도 않았으니 말이다.

누가 당신의 친정을 괴짜 가난뱅이로, 그러니까 흑인 촌뜨기로 여긴다는 사실을 알게 된 후 어머니는 우리가 어떤 식으로든 약자를 상처 주면 곧바로 혼내셨다. 우리는 가난한 백인들을 놀려서는 안 된다고 배웠다. 설령 그들이 우리를 조롱해도 말이다. 통학버스를 타고 마을 반대편에 위치한 백인 학교로 가서 다른 사람의 불행을 비웃는 흑인 아이들의 모습을 접하고 충격을 받았다. 당시에는 버스를 타지 않는다는 것은 가난한 백인의 자부심을 상징했다. 버스를 타면 흑인 아이들이 대부분이었기 때문이다. 싱글맘 밑에서 자라는 백인 쓰레기 아이들은 버스를 타거나 걸어다닐 수밖에 없었다.

지금도 윌마를 떠올리면 가슴이 아프다. 윌마는 우리 반 백인 여학생이었는데 통학버스에서 공격적인 흑인 아이들에게 괴롭힘을 당했다. 그 아이들은 매일같이 윌마가 천하디천한 가난한 백인 쓰레기이고, 악취가 나고, 맨날 똑같은 옷만 입는다고 괴롭혔다. 아이들은 큰 소리로 자기 옆에 앉지 말라고 경고를 했다. 그래서 빈 좌석이 있어도 윌마는 서서 갈 때가 많았다. 머리색이 어둡고 유난히 피부가 하얗고 덩치가 컸던 윌마는 두고 보라는 듯한 표정으로 그 모든 수모를 참아냈다. 괴롭힘이 심해지면 맞서기도 했다. 윌마는 흑인들이 대부분인 버스를 타는 십 분만 참으면 그 외의 시간 동안 백인이 군림한다는 걸 알았다. 윌마가 아무리 가난해도 그녀는 언제나 백인일 터였다.

계급을 다룬 연구를 보면 종종 가난한 백인의 인종적 특권을 조명한다. 그런 글에서는 가난한 백인의 특권이 단지 상징적인 위신인 양 서술한다. 북부 사람들은 그렇게 생각할 수 있다. 그들은 남부의 가난한 백인들이 매일매일 흑인들을 위협하고 학대하는 모습을 제대로 보지 못했기 때문이다. 우리 외할머니는 마을 반대편에 자리한 백인 구역의 커다란 집에 사셨다. 그럴 수 있었던 것은 그곳이 가난한 백인 동네였기 때문이다. 손주인 우리가 외할머니 댁에 갈 때면 가난한 백인 동네를 지나가야 한다는 사실이 너무 두려웠다. 현관 베란다에 앉아 우리에게 장난을 걸거나 "이리 와봐"라고 소리치는 백인이 너무 무서웠다. 그럴 때는 똑바로 앞만 바라보고 멈추지 말고 계속 걸으라고 배웠다. 북부 대다수 지역에서처럼 인종이 분리된 남부 지역에서도 언제나 백인이 옳았다. 가난한 백인들은 인종 특권이 자신에게 어떤 권력을 부여했는지 잘 알았고 이를 마음껏 이용했다. 록산 던바는 오클라호마에서 자란 시절을 회상하면서 가난한 백인에 대해 이렇게 썼다. "결국 그들의 유일한 장점이라고는 피부색과 주로 흑인을 향한 백인우월주의뿐이었다……" 인종으로 인한 특권 덕에 가난한 백인은 가난했지만 비슷한 처지의 흑인보다 더 나은 삶을 살 기회를 받았다.

가난한 백인은 이 나라에서 빈곤층의 대부분을 차지한다. 가난한 흑인이 남부에서 북부 여러 도시로 쏟아져 들어와 도시에서 거대한 흑인 빈민층을 형성했지만, 백인들은 여전히 교외나 농촌에서 고립되어 살아가기도 한다. 이들은 때때로 백인의 풍요로움에 몸을 숨긴 채 산다. 트레일러 캠프가 형성된 이래 지금까지도 트레일러 캠프는 백인 빈곤층의 세계다. 계급의 경계를 드러내긴 하지만, 트레일러 캠프 공동체는 대도시의 가난한 백인 이민자 구역에 사는 백인 빈곤층을 지칭하던 '게토'라는 단어에서 연상되는 타락과 빈곤 같은 오명을 처음부터 뒤집어쓰지는 않았다. 사실 최근까지만 해도 백인 노동계급과 가난한 백인들의 심리적인 우월감이나 경제적인 자긍심은 백인우월주의의 계급 정치에 의해 크게 강화되었다. 지금은 특권을 박탈당한 백인 사이에서 다시 백인우월주의가 확산되는 경향이 목격된다. 이러한 극단주의 집단에 속한 사람들은 정부의 차별 철폐 정책 때문에 흑인이 더 잘살게 되었다는 백인 특권계급이 퍼트린 잘못된 주장에 반응하는데다 자신들이 흑인 때문에 곤경을 겪는다고 배운다.

최근 계급을 불문하고 시민권 역풍의 일환으로 반흑인 인종차별 정서가 백인들 사이에서 강화되었지만, 과거에 비하면 백인 소외계층이 자신들의 가난을 흑인 탓으로 돌리는 경향은 전반적으로 많이 줄어들었다. 오히려 이민자들이 자기 일자리를 뺏는 주범이라는 인식이 강해지고 있다. 비백인 이민자는 무슨 일이든 할 준비가 되어 있으므로 일자리를 빼앗는다고 인식되는데 이들을 향한 백인의 인종차별은 이민자를 비난하는 흑인 노동자들의 모습과 닮았다. 지배계급의 탐욕으로 인해 인종을 불문하고 빈민층 모두가 계속 착취당하고 억압받을 수밖에 없다고 인지하는 흑인과 백인이 점점 늘고 있다.

빈곤층의 인식은 인종통합 정책의 직접적인 결과로 이렇게 변화했다. 미국 내 여러 지역에서 인종차별이 철폐되면서 흑인과 백인 빈민의 접촉이 대폭 늘어났다. 과거에는 인종적으로 분리되었던 저소득층 주택단지도 통합되었다. 인종 간 유대관계가 사회적으로 용인되자 이전에는 생각도 못한 방식으로 흑인과 백인이 어울리는 사회적 분위기가 조성되었다. 물론 북부의 백인 도시처럼 인종의 경계를 따라 다시 전열을 가다듬은 지역도 많았는데 이는 분명히 전통적인 인종 경계가 붕괴되었기 때문이다. 뉴욕과 보스턴의 백인 지역은 여전히 인종 분리 지역이었는데, 주택과 직장을 비롯한 여러 분야에서 여전히 인종차별이 일상적으로 벌어졌기 때문이다. 가부장적인 백인 권력의 폭력은 인종의 순수성을 지키기 위해, 그러니까 흑인과 유색인종의 접근을 막기 위해 매일같이 자행되었다. 그렇다 해도 흑인 빈민층과 백인 빈민층 간의 소통과 유대가 강화되었다는 사실은 바뀌지 않는다.

인종을 불문하고 점점 더 많은 미국인이 빈곤층으로 떨어지고 있다. 백인도 예외가 아니다. 그 증거는 통계 자료에 다 나와 있다. 「트래시 오 노믹스Trash-O-Nomics」라는 글에서 더그 헨우드는 어떤 일이 당연하게 보여도 실은 그렇지 않을 때가 있다고 주장한다. "물론 평균적인 백인은 아시아 출신을 제외한 평균적인 비백인보다 더 잘산다. 그리고 흑인들은 불균형할 정도로 가난하다. 그런데 이 공식은 밝혀낸 사실만큼이나 숨기고 있는 사실도 존재한다. 즉, 공식적으로 가장 가난한 사람은 백인이며 요즘 들어 백인 가정은 소득이 급격하게 감소하지 않고 현상 유지만 해도 다행으로 여겨야 한다." 이런 상황 덕분에 백인우월주의 자본주의 가부장제를 기초로 한 지배계급은 현실을 교묘하게 숨길 수 있다. 그렇기에 대중매체에서 가난한 백인은 투명인간이나 다름없다.

오늘날 계급에 대해 이야기하는 사람들은 가난이 검은 얼굴을 가진 것으로 묘사된다고 인정하지만, 그 검은 얼굴을 날조하고 유지하는 건 대중매체라는 사실은 거의 지적하지 않는다. 그와 동시에 빈곤층 중에서 흑인이 높은 비율을 차지함을 보여주는 통계 자료를 이용한 보고서를 보면, 흑인이 빈곤층의 대다수를 차지하는 것처럼 인식된다. 하지만 이 비율이 모집단 크기를 기반으로 삼는다는 사실은 거의 강조하지 않는다. 그들은 전체 인구에서 흑인의 비율이 미미하다는 현실은 은폐한다. 빈곤층 사이에 흑인의 비율이 높기는 하지만, 빈곤층의 대다수는 계속해서 백인일 것이다. 미국에는 숨겨진 가난의 얼굴이 존재하니, 바로 아무도 이야기하지 않는 수백만 명의 백인이다.

어떤 인종이건 빈곤층이 이 사회에서 더는 우선권이 없는 현실이지만, 과거에는 재정이 건전했던 백인 가구가 매일 벌어지는 인원 감축 때문에 빈곤층으로 추락한다고 널리 알리기보다는 백인우월주의가 여전히 유의미하게 그들에게 우선권을 준다고 백인 빈곤층과 노동계급이 믿게 만드는 편이 더 낫다. 확실히 피부색 특권 덕분에 백인 빈곤층은 흑인이든 히스패닉계이든 아시아인이든 피부색이 더 짙은 사람에게는 주어지지 않는 수준의 지원을 더 쉽게 받는다. 언론이 비백인 빈곤층에 지나치게 초점을 맞추는 탓에 빈곤층 백인의 현실에는 관심이 쏠리지 않는다.

지배계급은 자신들의 이익을 지키려면 백인우월주의 정치를 강화해야 하므로 백인 노동계급과 빈곤층이 흑인이나 전 세계의 유색인종에게 가난의 책임을 돌리게 하기 위해 계속해서 사회화하려 할 것이다. 반흑인 인종차별은 이 사회에서 절대 사라진 적이 없었으므로 백인우월주의 자본주의 가부장제 문화가 가난한 백인들에게 그들의 이론적인 발전을 가로막은 장애물은 흑인이라고 세뇌하는 것쯤은 식은 죽 먹기다. 백인도 흑인도 아닌 이민자를 향한 백인의 증오는 흑인에 대한 증오만큼 치명적이지도 강렬하지도 않다. 백인 정치학자인 앤드루 해커는 『두 개의 나라－분리되고, 적대적이고, 불평등한 흑과 백*Two Nations: Black and White, Separate, Hostile, Unequal*』에서 미국의 인종차별은 흑인을 향할 때 가장 폭력적이고 비인간적이라고 주장했다.

지배계급이 사회를 분열하고 정복하기 위해 새로이 노

력을 기울여 성공할 것이라는 데는 의심의 여지가 없지만 백인 빈곤층도 여러 계급으로 나뉘기에 백인 빈곤층은 더는 흑인에게만 계급적 분노를 표출하지 않을 것이다. 인종차별주의자인 가난한 백인이 수없이 존재하듯이 백인우월주의 정치에 속아넘어가기를 거부하고 미국 노동계급을 해치는 경제력을 이해하는 이도 상당히 많다. 진보적인 백인 빈곤층과 노동계급은 자본주의의 역학관계를 이해한다. 미국 전역에서 계급 불안이 고조되고 있다. 그러나 집단적인 저항으로는 이어지지 않기에 계급투쟁의 미래는 불투명하다.

복지 정책을 폐지하면 미국 역사상 그 어느 때보다 많은 수의 백인 여성이 하층계급으로 추락할 것이다. 가난한 흑인 여성과 마찬가지로 그들도 대부분 젊을 것이다. 무료 주택은 제공하지 않되 기본적인 급료만 지급하는 노동자 재교육 프로그램으로는 그들의 삶을 본질적으로 개선할 수 없다. 앞으로는 '가난뱅이 중의 가난뱅이'가 될 이들에게 경제적으로 취약한 다른 그룹이 그들의 적이라고 말해봐야 이전 세대만큼 쉽게 속아넘어갈 리 만무하다. 그들은 소비를 지향하는 나르시시즘 문화에서 자랐기 때문에 이웃의 곤경에 훨씬 더 무신경하다. 지속적인 박탈감은 스트레스와 불안과 함께 물질적 고민을 낳는다. 하지만 이런 고통을 줄이려는 욕망이 무관심을 의식화로, 그 의식화를 저항으로 변화시킬 수도 있다.

흑인과 백인의 노동계급과 빈곤층이 서로 할말이 더 많은 오늘날 문화를 고려해보면 과거에는 존재하지 않았던 연대를 맺을 분위기가 마련되어 있다. 이 연대는 단순히 특권층을 함께 비난하는 데서 그쳐서는 안 된다. 이는 인종차별 철폐를 표방하는 저항의 정치에, 유색인종 소외계층의 경험만큼이나 백인 소외계층의 경험도 중요하다는 사실을 인식하는 정치에 뿌리를 두어야 한다. 역사적으로 특권계급과 가난한 백인을 구분했던 계급차별은 흑인이 지배적인 공동체에서는 존재하지 않았다. 게다가 가난한 백인 가정에서는 가난이 대를 이어 세습됐지만, 흑인 중에는 가난에서 벗어나 특권층으로 나아간 이들이 많다. 과거에는 이런 흑인들이 연대를 통해 가난한 흑인들의 강력한 옹호자가 되어주었지만 그런 경향도 변해간다. 그들은 끈질긴 흑인 차별주의 때문에 백인 빈곤층과의 연대를 장려하지 않았다. 하지만 흑백을 불문하고 반백인 편견을 극복해 빈곤층을 대변해야 한다. 동시에 백인과 흑인 빈곤층은 서로에 대해 더 많이 배우고, 무엇이 그들을 하나로 묶는지, 무엇이 그들을 분열시키는지 알아가면서 연대를 구축해야 한다. 백인 빈곤층과 흑인의 빈곤층과 노동계급 사이에 화합의 다리를 놓아본 사람에게 우리 모두 더 많은 이야기를 들어야 한다.

빈곤한 노동계급의 가정 환경이라는 격리된 세상을 떠

나 특권계급의 학교에 입학했을 때, 돈이 없어서 하고 싶은 것을 포기해본 적이 없는 특권계급 흑인 학생들보다 출신 배경이 비슷한 백인 친구들과 공통점이 더 많다고 종종 느꼈다. 피부색이 어떻든 가난하고 노동계급 출신의 학생들은 어떻게 알맞은 이름을 붙이거나 이론적으로 표현해야 할지 아무도 가르쳐주지 않은 경험을 공유했다. 겉으로 보기에 가난한 집 출신의 백인들은 더 쉽게 동화되는 듯했지만, 모두가 자신이 가장 잘 아는 친숙한 세계와 연결이 끊길까봐 두려워했을 뿐 아니라 출신 계급과 소원해지기도 했다. 우리가 연대하면서 키운 유대감은 과거나 지금이나 어느 자료에도 나오지 않는다. 우리가 어떤 대화를 나눴는지나 우리의 연대가 미래 정치에 어떤 영향을 미쳤는지도 기록이 남아 있지 않다. 우리 중 많은 이가 인종의 경계를 가로지르는 계급 간 유대감을 세월이 흘러도 변치 않는 연대 정치의 초석으로 삼았다.

인종차별은 여전히 우리 문화의 일부이지만 이 역시 변하고 있다. 인종 문제에 있어서 백인은 타인종에 대한 증오보다 외국인 혐오증을 더 많이 보인다. 내 어린 시절처럼 철저하게 분리된 흑인 지역은 더는 없다. 피난처가 필요한 가난한 백인이 한때는 하얀 얼굴을 전혀 볼 수 없었던 지역으로 이주해온다. 이렇게 접촉한다고 해서 인종차별이 없어졌다는 의미는 아니다. 오히려 인종차별의 기준과 표현

방식이 변했다고 해석할 수 있다. 가난한 흑인과 백인이 긍정적으로 소통하는 구체적인 발판이 더 단단해졌다고도 볼 수 있다. 계급 분리로 만들어진 이런 공동체에 가보면 과거보다 더 많은 소통이 이뤄지긴 하나 백인과 흑인 성인이 여전히 소통을 거부하는 모습도 보인다. 한편 아이들은 자유롭게 인종의 경계를 넘나들며 수업시간에 어울리고 집이라고 부르는 공통의 풍경에서 하나로 모이기도 한다.

인종 분리가 더 심한 백인 노동계급과 빈곤층으로 구성된 지역 사회가 훨씬 더 많다는 사실을 감안하면 이러한 연대가 별 의미가 없을지 모른다. 백인과 흑인이 만나지 않는 장소라 해도 계급과 인종에 대한 다양한 의견이 존재한다. 같은 빈곤층이라도 흑인보다 백인의 욕구를 더 우선시하던 과거와 달리 이제는 어느 것도 단순하지 않다. 오늘날의 빈곤은 젠더와 인종의 문제를 모두 안고 있다. 인종과 젠더의 정치를 이해하지 않고서는 미국의 계급 문제를 제대로 알 수가 없다. 궁극적으로 사회정의를 실현하려는 그 어떤 운동보다 가난을 퇴치하려는 노력이 가장 폭넓게 지지받는 시민권 운동의 이슈가 될 것이다. 더 민주적이고 정의로운 세상에서, 모두가 각자의 욕구에 맞춰 삶의 기본 욕구를 만족시킬 수 있는 세상에서 살고 싶다는 공통된 희망을 지지하기 위해 지금껏 한 번도 단결해본 적 없는 사람들을 하나로 모으는 노력이므로.

11장

# 빈곤층과의 연대

뮤지컬 〈지저스 크라이스트 슈퍼스타〉가 무대에 올랐을 때, 이 풍요로운 우주에서 가난이 존재하는 것이 정당하냐고 누군가 예수님에게 묻는 장면이 있었다. 그분은 이렇게 대답했다. "가난한 자들은 언제나 우리 곁에 있다." 우리는 풍요로운 우주에 살고 있지만 3800만 명이 넘는 사람들이 풍요 속에서 가난하게 살아간다. 요즘은 예수님의 말씀이 진부한 경구가 되어버렸다. 우리 중에는 가난이 존재해서는 안 된다고 말하는 사람도 있지만, 모두 알다시피 정작 이 나라에서 가난을 몰아내기 위한 집단적인 노력은 이루어지지 않는다. 우리는 공동체 문화를 만들기 위해 매일 할 수 있는 일을 한다. 가난을 종식하기 위해 장기적으로 투쟁하며 가난이 초래하는 고통을 끝내기 위해서

즉각적인 노력도 기울인다.

빈곤층은 미국 역사상 그 어느 때보다 고통받는다. 빈곤층은 물리적 결핍과 그로 인한 고통은 물론이고 특권계급에서 지속적으로 자존감을 공격당해 이중으로 시달린다. 이 공격은 일상생활의 모든 분야에서 가난을 경멸하는 형태로 자행되는데, 언론은 빈곤층을 항상 유일무이한 범죄자계급으로 묘사하고 특히 최근에는 국가가 합법화한 수용소인 고립된 지역에 가난하고 궁핍한 사람을 극단적으로 분리하기까지 한다.

나는 가난한 동네에서 자랐지만 그 공동체의 교회에서는 가난한 사람이야말로 하느님에게 선택받은 존재다, 가난을 절대 수치스러워해서는 안 된다고 가르쳤다. 교회에서 우리는 가난한 사람을 존중하라고 교육받았다. 동시에 신앙생활을 통해 자신보다 더 어려운 사람의 운명을 책임져야 한다는 생각이 몸에 배어 있었다. 가난한 사람을 존중하고 그들에게 책임감을 느낀대도 아무도 가난해지고 싶어하지 않는 현실을 바꿀 수는 없었다. 종교적 가르침에도 불구하고 가난한 사람들은 곤궁한 자기네 형편을 당혹스러워했다. 이런 당혹감은 더 많이 가진 사람이 경멸과 적대심을 내보일 때 비로소 수치심이 되었다.

내가 어릴 때만 해도 사람들은 가난한 이가 고난으로 가득찬 삶을 산다고 믿었지만, 한편으로는 모든 시민이 자신과 가족을 제대로 돌보게끔 구조를 만들지 못해 생긴 경제 체제에 이들이 희생되었다고 보았다. 그건 올바른 판단이었다. 그 시절에는 사람들이 가난해지고 싶어했다고 암시하는 이야기를 한 번도 듣지 못했다. 내가 살던 흑인 동네에서는 정부보조금으로 살아가는 사람들이 동정받았다. 그들이 원해서 보조금에 의지하는 삶을 산다고 생각하는 사람은 아무도 없었다. 교회에서 아무리 신은 가난한 사람을 사랑한다고 가르쳐도 우리가 아는 그 누구도 의도적으로 가난한 삶을 선택하지 않았다.

우리 동네 흑인들은 처음에는 교육제도에서, 그다음에는 취업시 받는 노예제 폐지 후 자행되는 인종차별의 직접적인 결과로 우리가 가난을 겪는다는 걸 정확하게 간파했다. 제대로 취업 준비를 할 기회를 동등하게 받지 못할 뿐만 아니라 설령 운좋게 충분히 준비를 마쳤더라도 아무도 받아주지 않았는데, 백인우월주의자들의 이익을 위해서는 흑인이 빈곤한 상태를 못 벗어나도록 붙잡아두는 편이 도움이 되었기 때문이다. 흑인들은 그 사실을 잘 알았다. 그걸 모르는 흑인은 아무도 없었다. 그러므로 서로 가진 것을 나누고 가난한 사람이 자존심과 위엄을 지키게 해주는 온정적인 분위기가 저절로 형성되었다. 인종차별로 흑인의 경제적 자립이 방해받는 수많은 상황이 우리 남부 공동체에서 공공연히 이야기되었지만, 약탈적인 자본주의에 관해 이야기하는 사람은 아무도 없었다. 자본주의에는 잉여 노동력이 필요하고, 그래서 항상 고용 가능한 일자리보다 노동자가 더 많다는 사실을 아는 사람이 많지 않았다. 사실 대부분의 흑인들은 인종차별과 그로 인한 취업 기회의 불평등만 사라지면 모두가 일자리를 구할 것이라고 순진하게 믿었다.

1960년대 말 시민권 운동과 흑인 인권 운동으로 흑인들이 기존의 불평등한 사회체제 내에서 좀더 많은 권리를 확보하게 되자 모두가 좀더 진실에 눈을 떴다. 합법적인 차별 철폐와 반불평등법도 무한한 기회를 약속하는 유토피아적인 직업 세계를 건설할 수는 없었다. 전보다 더 많은 흑인이 노동인구로 편입되고 이전보다 더 공정하게 월급을 받게 되었지만, 제대로 된 교육도 받지 못하고 기술도 익히지 못한 흑인들은 사회의 밑바닥을 맴돌았다. 아이들과 노인을 부양하는 여성에 지급되는 정부지원금은 쥐꼬리만했다. 하지만 제대로 교육받지 못하고 직업도 없는 대다수의 흑인 남자들은 취직 기회를 개선할 전략도 없었다.

흑인이 점점 빈곤층이 되면서 지원금에 의존한 생활도 점점 보편적인 현상이 되었다. 게다가 비혼 자녀를 갖는 일도 더는 수치스럽게 여기지 않으면서 우리 사회에서 빈곤층을 대하는 전반적인 태도가 변화했다. 정부는 빈곤층을 일자리보다 지원금을 좋아하는 존재로, 약탈자로 묘사했다. 빈곤층은 나태하고 비생산적인 생활방식을 유지하기 위해 더욱 유복한 사람의 자원을 쓰는 존재로 비쳤다. 사회복지에 들어가는 자원을 줄이기 위해 정치가들은 의도적으로 가난한 사람에 대한 부정적인 고정관념을 퍼트렸고 공공 정책을 입안하고 자원 배분을 의논하는 폐쇄된 공간에서 특권계급의 책임이 더는 거론되지 않았다. 특권계급은 이를 언론을 통해 알렸다. 1970년대 초에는 언론을 통해 빈곤층은 기생충이자 포식자이기에 이들의 지속적인 욕구를 채우느라 정작 다른 사람이 행복하게 살지 못한다는 분위기가 형성되었다. 그리하여 특권계급은 자신이 생존하려면 빈곤층에게 등을 돌려야 한다고 믿게 되었다.

한때는 공동체 문화 때문에 수많은 가난한 사람이 존엄성을 지키면서 경제적 어려움에 대처했으나 풍족함이 가치를 결정하게 되면서 자원을 공유하면 상황이 더욱 악화될 뿐이라는 주류 세력의 주장에 의해 이러한 움직임은 힘을 잃었다. 가진 것으로 그 사람의 가치가 결정된다는 인식과 자유주의적 개인주의의 개념이 어우러지면서 사람들은 공유를 더는 핵심 가치로 여기지 않았다. 소비 능력과 어떤 재화를 획득했느냐로 사람의 가치를 판단하는 세상에서 빈곤층은 존중받을 수 없다. 소비할 능력이 없는 사람은 소비의 시민권을 가질 수 없다. 문화의 가치관이 바뀌자 빈곤층의 운명도 달라졌다.

1970년대 말이 되자 가난한 사람은 언제나 수치심을 느끼게 되었다. 가난한 사람이 선택받았냐는 말은 감히 꺼낼 수도 없었다. 빈곤층이 정치적 목소리를 높이고, 저항을 위해 자신들의 힘을 이용한 시기에 빈곤층에 관한 인식이 더 부정적으로 변한 것은 우연이 아니다. 빈곤층의 자존감을 공격하는 일이야말로 사보타주sabotage였다. 사보타주를 통해 빈곤층의 힘을 앗아가고자 했다. 복지혜택을 받는 사람에 대한 부정적인 고정관념이 언론을 통해 퍼지면서 공격이 시작되었다. 흑인보다 백인이 복지 수혜를 더 많이 받았지만, 백인 언론은 납세자의 세금으로 잘 먹고 잘사는 약탈자 흑인의 이미지를 퍼트렸다. 혼자 아이를 키우는 여자들이 가장 잔인하게 공격을 받았다. 인종차별과 성차별이 결합한 서사가 등장하면서 계층을 불문하고 비진보적인 백인들은 자신을 가난한 흑인에게 약탈당하는 경제적 희생자라고 인식하게 되었다.

빈곤층이 쾌락을 좇는 소비지상주의에 물들지 않았다면 빈곤층에 대한 이런 공격은 효력을 발휘하지 못했을 것이다. 지위를 가져다주는 물건을 획득하는 것은 빈곤층과 소외계층에게 가난의 '수치심'을 잊게 해주는 해독제로 여겨졌다. 가난한 공동체에서 이런 변화는 옷차림부터 나타났다. 집에서는 균형잡힌 식사도 못 하고 빈곤하게 살아도 외출할 때는 값비싼 옷을 입었다. 옷은 기본적인 필수품이기에 외모를 가꾸는 게 계급 지위를 바꾸는 셈이라고 부추기는 언론의 광고에 가난한 사람들이 희생되기도 쉬웠다. 가난한 공동체에서 기본적인 생필품이 아닌 물건을 사고 사치품을 구매할 현찰을 쥐게 해주는 호황 산업은 약물 산업뿐이었다. 안타깝게도 돈을 벌 수 있고 사람들이 계속 마약 중독자가 되는 식으로 이어지는 약물의 정치는 파괴적인 폭력문화를 만들고 영속화할 뿐이다.

가난하고 곤궁한 노동계급과 빈곤층이 고통을 완화하고 슬픔에 무뎌지기 위해 덧없기만 한 강력한 쾌락에 빠져들지만 그럴수록 그들의 자존감과 개인적 존엄은 무너진다. 빈곤층을 계속 부도덕하게 묘사하는 부정적인 고정관념과 달리 마약에 중독된 사람과 그들에게 종속된 사람이 수치스러워하고 자존감에 상처받는 이유는 그들이 도덕적 양심을 지녔기 때문이다. 텔레비전 뉴스와 경찰 드라마, 신문 기사를 봐도 가난한 사람이 음식이나 거처, 의료혜택 같은 기본적인 생필품을 얻기 위해 살인을 했다는 이야기는 나오지 않는다. 가난 때문에 가난한 공동체가 파괴적인 전장으로 바뀐 게 아니다. 이런 불안정한 상황은 온 나라가 묵인하는 약물문화의 직접적인 결과였다.

이 나라에서 약물 카르텔을 파괴하고 가난한 지역 사회를 안정시키는 데 정부가 관심을 가진다면 문제는 훨씬 쉽게 해결될 것이다. 그러나 약물 때문에 빈곤층은 계속 가난할 수밖에 없다. 그래야 아무리 상대적이라 해도 사회에 도전하고 사회를 변화시키기 위해 계급 권력을 조직하고 이용하는 움직임을 막을 수 있다. 예를 들어보자. 가난한 사람도 투표권이 있다. 이 권리는 계급 권력의 한 형태다. 유권자 3800만 명 중 60퍼센트의 표가 선거에 미칠 영향을 생각해보라. 어떤 선거든 상관없다. 아니면 가난한 지역 사회가 공동체 정신을 도입해 물물교환으로 가난한 사람의 자립을 돕는다면 어떨까. 그 외에도 여러 방법이 있을 것이다. 하지만 약에 취하기 바빠서 정치나 기본적인 생존을 신경쓰지 않는다면 과거에 빈곤층과 노동계급 사이에서 정의를 요구하며 떠올랐던 강력한 저항의 목소리는 두 번 다시 수면 위로 떠오르지 않을 것이다. 다시는 그 목소리를 듣지 못할 것이다.

약물중독 다음으로 가난한 지역 사회를 불안하게 만들고 황폐시킨 최근의 요인은 만연한 도박중독이다. 가장 보편화된 도박 형태가 복권이다. 대중매체는 복권으로 순식간에 부자가 된 극히 드문 가난한 사람의 사연을 집중 조명하면서도 먹을거리를 사고 집세나 공과금을 내는 데 쓸 돈으로 복권을 구매한 가난한 사람이 얼마나 많은지는 모른 척한다. 그 어떤 중독보다도 복권을 사서 도박을 하는 것은 가난을 손쉽게 떨쳐버리고 삶의 의미와 가치를 바꿀 수 있다는 헛된 환상을 불러일으킨다.

오늘날 이 나라의 빈곤층 대다수는 사람의 가치가 경제력에 달렸다고 믿는다. 이들은 물건을 살 돈이 없기에 스스로를 별 볼 일 없는 사람으로 여긴다. 가난한 사람은 평화와 존엄을 갖춘 삶을 살 수 없다고 지배계급이 주입한 가정을 수동적으로 흡수해버렸다. 이 말을 믿는 한 그들은 삶에서 희망을 찾을 수 없다. 그렇기에 특권계급 사람들은 빈곤층에게 허무주의에 빠졌다고 딱지를 붙인다. 그러나 이러한 허무주의는 결코 충족할 수 없는, 애초에 소비문화가 인위적으로 만들어낸 풍요로움을 갈망하는 마음에 대한 반응일 뿐이다. 리처드 포스터는 『단순함의 자유*Freedom of Simplicity*』 서문에 이렇게 썼다. "현대 사회에는 소유욕이 만연해 있다. 행복한 삶은 부의 축적에 있다고, '다다익선'이라고 터무니없이 거들먹댄다. 사실 우리는 아무런 의문도 제기하지 않은 채 종종 그런 생각에 동조해 그 결과 현대 사회에서는 풍요를 향한 욕망이 정신질환이 되었다. 현실 감각을 완전히 잃어버렸다." 계급을 막론하고 모든 사람이 부를 갈망하는 풍조가 조성된 문화에서 가차없이 이뤄지는 계급 착취와 억압 때문에 무기력과 무능함이 생겨나는데 그 직접적인 결과물이 바로 허무주의다. 물질적 지위로 삶의 전체적인 의미를 지킬 수 없다면 가치관이라도 지켜야 하기 때문이다.

빈곤층과 소외계층이 이런 정신질환에 걸리면 남는 건

절망뿐이다. 흑인 빈곤층의 경우, 인종과 계급 착취와 억압 요인이 결합해 그들이 사기 삶을 바꾸거나 그들에게 삶의 의미를 부여해준다고 믿는 물질적 재화조차 획득할 가능성이 거의 없기 때문에 앞서 말한 허무주의가 강화될 뿐이다. 최근 몇 년 동안, 부에 대한 비현실적인 욕망에 눈이 멀어 자신이 가진 자원을 제대로 파악하지도, 삶의 질을 개선하는 데 그 자원을 효과적으로 활용하지도 못하는, 내가 좋아하고 아끼는 가난한 지인들의 모습을 보고 몇 번이나 충격을 받았다. 그들이 특별히 이상한 게 아니다. 풍요로운 삶에 대한 환상 때문에 많은 가난한 사람이 곤경에 빠진다. 소외계층 사람들은 물질적인 부를 얻으면 삶의 질이 바뀌리라 믿는다. 그러다가 그 환상이 충족되지 못하면 절망한다. 사랑하는 내 가족 중에도 사회적 지위의 상징물로 여겨지는 새 차나 중고차에 집착해 힘들게 번 돈을 거기에 모두 쏟아넣으면서 정작 물질에 대한 건전한 태도가 있어야 장기적으로 삶을 바꿀 수 있다는 걸 무시하는 이가 있었다.

감사하게도 나는 가난이 절망에 가득찬 불행한 삶으로 이어진다고 보지 않았던 세상에 태어났다. 하지만 오늘날 흑인 빈곤층의 대다수는 (주로 젊은층은) 우리 선조들이 인간성을 잃지 않으면서도 고난과 가난을 이겨내기 위해 활용했던 저항의식이 없다. 대체로 요즘 빈곤층은 사람의 가치가 물질적 재화로 결정된다는 개념이 마수를 뻗칠 때 이를 막을 계급의식이 없다. 내가 자란 곳에서는 현명한 어른들이 계셨다. 이분들 중 대다수가 월급을 받는 직장은 다녀본 적이 없었지만, 우리가 물질적인 욕구와 소유물 이상의 존재라는 걸 가르쳐주셨다. 그분들은 고난뿐인 삶 한가운데에서도 존엄성과 명예를 잃지 않으셨다. 물질적인 소유물을 얻는 게 삶에 의미를 부여하는 유일한 행위라는 믿음을 절대 받아들이지 않았기에 그럴 수 있었다.

이 나라는 가난을 만들어내는 조건을 없애려고 애쓰지 않는다. 그렇기에 우리는 누구나 기본 욕구를 해결할 수 있는 사회 구조를 만들기 위해 저항 전략을 세우는 한편, 빈곤층의 인간성 상실에 저항하기 위해 노력해야 한다. 헛된 부를 좇는 환상이 아니라, 빈곤층의 인간성을 훼손하지 않으며 운명을 바꿀 기회가 온 순간 그 기회를 못 잡게 자신의 발목을 잡는 경제적 어려움에 어떻게 대처하는지를 배울 때 희망이 생긴다. 내가 사는 부유한 동네에도 가난한 사람들이 산다. 그들은 대부분 백인이다. 그리고 대체로 가난을 숨기려고 한다. 주변 사람에게 섞이는 방법으로 말이다. 이들은 주로 노인들로 집세가 안정돼 거주비를 감당할 만하기에 이곳을 떠나지 않고 그럭저럭 살아간다. 이들 중 일부는 젊은층이나 한부모 가정으로, 자기네 아이들은 더 좋은 기회를 누릴 것이라 믿는 부유한 동네에서 작지만 집세를 감당할 만한 집을 구할 정도로 운이 좋은 경우다. 가난한 동네에도 가난하지만 행복하게 사는 이들이 있듯이 이들도 가난해도 행복하게 잘산다. 하지만 풍요로움을 어디서든 접하게 되는 곳에서 가난하게 사는 일은 더 힘들 터이다.

이런 사람들의 삶을 통해 가난하면 행복할 수 없다는 가난에 대한 부정적인 고정관념과 가정이 거짓임을 구체적으로 알 수 있다. 그들은 내가 어린 시절 경험한 가난과 비슷한 상황에 처했지만 무척 행복해 보인다. 그들은 단순하게 살아가는 식으로, 종종 형편이 더 나은 친구와 동료에게 도움을 받거나 그들의 호의에 기대면서 살아남았다. 이들은 쉴새없이 일하지만 여전히 지출을 다 감당할 만큼은 못 번다. 그래도 절망하지는 않는다. 자기네 형편으로는 감당 못 할 정도로 물건을 욕망하고 소비하라고 부추기는 주류 광고의 유혹에 넘어갔다면, 그들은 제 손으로 평화로운 생활을 파괴할 것이다. 물질적 풍요로움으로 가득찬 행복한 삶이라는 환상으로 매일 자신의 정신을 공격한다면 현실 감각을, 그러니까 그들의 가장 내밀한 삶에서 찾은 행복을 잃게 될 것이다. 게다가 이러한 소외감 때문에 가난한 사람이 경제적 행복을 강화하려고 할 때 부딪히는 현실을 효과적으로 헤쳐나갈 수가 없다.

물질적 풍요로움과 부로만 삶의 의미와 가치를 찾는 가난한 이들은 자존심을 지킬 수 없다. 주변에 존재할지도 모를 행복을 소중히 보듬을 수도 없다. 그들은 환상 속에 빠져 살며 그 결과 (과소비나 도둑질, 먹을 것이 없는데도 쓸데없는 물건을 사들이는 행위 같은) 해로운 행위에 더 취약해진다. 이런 행위를 반복하면 어느새 뭔가를 할 힘을 잃고 무력해진다.

무절제한 사치 풍조로 세계의 자원이 급속도로 감소하는 현실을 고려할 때, 단순한 삶에 만족할 줄 아는, 어디에나 있는 가난한 이야말로 모두에게 희망을 보여주는 데 최적이라 할 수 있다. 왜냐하면 우리 모두 적게 소유해야 할 날이 곧 올 것이기 때문이다. 특권계급인 사람이 빈곤층을 돕고 싶다면 단순하게 살면서 가진 것을 나누면 된다. 우리는 빈곤 지역에 뿌리내린 불법적인 마약 산업을 척결해달라고 정부에 요구할 수도 있다. 가난한 공동체에 사는 주민들이 외부인의 도움을 받아 자기네 동네에서 풀타임 일자리를 얻고, 안전하고 마약이 없는 환경을 만들기 위해 고용이 이루어진다면 얼마나 많은 가난한 공동체가 변할지 상상해보라. 그것이 새로운 산업이 될지도 모른다.

경제적으로는 어렵더라도 평화롭게 살 권리를 이 나라의 빈곤층에게 되찾아주려면 소비중심의 문화를 반드시 비판하고 이에 맞서야 한다. 부자건 가난하건 기꺼이 물질에 대한 집착을 버리고, 비시장적인 가치를 삶의 중심에 놓도록 변화해야 한다. 가진 것을 나눌 준비가 된 부유한 이가

1년 동안 가난한 가족을 지원해주면 세금을 감면해줄 수도 있다. (파괴적인 폭력이 일상화되면 그 어떤 생활방식도 안전하지 않으므로) 이런 노력으로 우리 모두를 위해 더 나은 세상이 만들어질 것이며 동시에 모든 시민의 집단성에 대한 상호의존성과 책임에 대한 사고방식이 새롭게 정립될 테니, 이는 어떤 식으로 봤을 때 진정으로 민주적이고 정의로운 사회의 근간이 될 것이다.

가난한 사람은 언제나 우리와 함께할 것이다. 그렇다고 가난한 사람이 불행하게 산다거나, 만족과 성취감을 못 느낀다는 뜻은 아니다. 음식과 물, 거처 등이 충분하지 않다면 생존을 위해서 이러한 욕구는 즉시 충족되어야만 한다. 또한 생존을 위해서는 물질적인 욕구의 충족만큼이나 정신적인 욕구의 충족도 중요하다. 자신의 삶이 변할 것이라고, 경제적으로 힘들어도 행복할 수 있다고 희망을 품은 사람은 설령 가난하더라도 가난이 더는 일상이 아닌 세상을 만들기 위해 노력하는 생산적인 시민이 될 것이다. 물질적인 부가 우리의 가치를 결정하지 않는다는 근본적인 신념이 없다면 무의미한 투쟁으로 점철된 삶을 빈곤층에게 안겨주는 셈이다. 이는 일종의 정신적 학살이다. 빈곤층의 삶을 존중하려면 이런 생각부터 집어치워야 한다. 물질적 착취에 저항하려는 의지로 가난한 사람에게 자행되는 정신적 폭력을 근절해야 한다.

빈곤층과의 연대는 동정심이 아니다. 빈곤층을 안쓰러워하거나 그들의 고통에 공감하는 사람은 많지만 정작 이를 해결하기 위해 행동에 나서는 사람은 없다. 특권계급 사람들은 가난한 사람을 도움으로써 선함을 과시하려는 영적 물질주의에 종종 빠진다. 게다가 가난에 대한 경멸감과 증오심을 바꿀 생각은 하지 않으면서 계속 선함을 과시한다. 빈곤층과의 진정한 연대는 지구상에서 사람이 서로를 의지하고 살아간다는 인식에 뿌리를 둔다. 여기에는 내가 사는 곳만 아니라 이 세상 모든 빈곤층의 운명이 계급 특권을 누릴 만큼 운좋은 사람의 삶의 질을 결정한다는 인식도 포함된다. 말과 행동으로 착취를 근절하는 게 빈곤층과의 연대를 보여주는 몸짓이다.

물질적으로는 풍족하지 않아도 기본 욕구가 충족되는 한 사람들은 이 세상 어디든 생존한다. 그러나 가난한 사람이 감정의 풍요로움을 잃으면, 최소한의 물질적 욕구를 충족하면서 산다 해도 그 삶에는 아무런 의미가 없다. 가난이 몸에 밴 선구적인 사상가와 지도자라면 경제적으로 어려움에도 불구하고 빈곤층이 의미 있게 살 권리를 회복시켜주기 위해 대중을 기반으로 한 운동의 선봉에 서야 한다. 진정한 삶을 사는 모습을 실제로 보여주고 증언함으로써 가난이 비인간화를 의미하지는 않음을 주요하게 증명해줄 것이다. 우리는 그런 삶을 보여주는 증거가 되어야 한다. 우리 중에서 소외계층과 연대한 부유한 사람은 가진 것을 나누고, 빈곤층의 사존감을 상화하는 자아실현 전략을 개발하는 걸 도움으로써 그 증거가 될 것이다. 우리는 정신적인 욕구만이 아니라 일상적인 물질적 욕구도 충족시켜줄 구체적인 전략과 실천 프로그램을 마련해야 한다.

12장

# 계급을 핑계대다:
# 부동산
# 인종차별

미국 역사상 그 어느 때보다도 요즘 들어, 계급에 대해서 공개적인 언급을 삼가던 백인들이 백인우월주의를 강화하는 차별적인 주택 정책으로 쏠리는 관심을 돌리고자 종종 의도적으로 계급을 환기한다. 뉴욕의 그리니치빌리지에 '부동산'을 사려고 알아봤을 때, 중개인(그들 모두 백인이었다)에게 나나 나를 찾아온 손님이 인종차별을 당하는 상황은 싫으니 다양한 인종이 사는 건물이면 좋겠다고 밝히면 그들은 하나같이 인종이 아니라 계급이 문제라고 답했다. 건물 거주자와 동네 주민이 모두 백인이라면 백인우월주의라서가 아니라 계급이 문제라는 것이다. 물론 우리가 나타나기 전만 해도 비어 있던 집이 도착하기 직전에 놀랍게도 다른 사람에게 계약될 때마다(그리고 모든 백인이 나의 검은 피부를 빤히 쳐다보았다) 계급이 문제라는 해명은 설득력을 잃었다.

하지만 내가 만난 중개인 중 그 누구도 인종차별이나 백인우월주의의 현실을 거론하지 않았다. 마침내 웨스트빌리지에서 이미 한 흑인 여성이 거주중인 아파트를 찾았다. 그 노부인은 그곳에서 50년도 넘게 사셨는데 인종차별과 주택 문제에 얽힌 재미난 이야기를 많이 알고 계셨다. 내가 사려고 한 집은 주택 조합 아파트라 그 건물을 대표하는 주민회에서 승인받지 않으면 살 수 없었다. 나의 구입 신청서를 주민회에서 검토한 날 혹시 인종 문제가 제기됐느냐고 그분께 여쭈었다. 그러자 그분은 이렇게 대답했다. "말이라고! 누가 그러더군. 자네가 흑인이라고. 그래서 내가 말을 딱 자르고 잡아먹을 것처럼 노려보면서 말했어. '이 여자한테는 돈이 있어. 그리고 당신들만큼이나 하얗다고!'" 계급 권력이 있다면 인종은 그분에게 문제되지 않았다. 솔직히 그분이 그 건물에서 오래 거주하지 않았다면, 젊은 시절부터 그 건물에서 일어나는 인종차별에 맞서지 않았더라면, 백인우월주의에 젖은 백인 입주자들이 흑인이 제출한 입주 신청서를 거부했을지도 모른다.

미국에서 인종차별은 백인이 지배하는 부동산 시장에 의해 유지되며 제도화되었다. 세상에서 가장 다양한 민족이 사는 뉴욕시에서도 거주할 동네를 고를 때, 집주인이 누구에게 집을 임대할지, 누가 집을 살 수 있는지 같은 문제가 여전히 인종과 민족 분리 정책에 영향을 받는데 이런 일을 볼 때마다 놀라움을 금치 못한다. 백인 여성 부동산 중개인과 꽤 친해지면서 중개인들이 선별한 일부 부동산 정보는 신문 광고나 누구나 접근 가능한 목록에 공개하지 않고 직접 말로 알려준다는 사실을 알게 되었는데 전혀 놀랍지 않았다. 이렇게 일부 정보를 뒤에서만 주고받기 때문에 아무도 모르게 인종차별을 하는 분위기가 형성되었다.

뉴욕에서 주택 조합의 집이나 아파트를 한 채 사려고 돌아다니면서 백인 부동산업자(이들 대부분은 아직도 백인우월주의 사고에서 벗어나지 못했다) 그리고 '바람직하지 않은 요소'가 자기네 건물에 발붙이지 못하게 몰아내려고 업자만큼이나 노력하는 백인 입주자들이 부동산 시장을 만들어왔음을 알게 되었다. 여기서 말하는 바람직하지 않은 요소란 대체로 유색인종과 미국 선주민, 비백인 이민자를 지칭했다. 평소에는 인종 문제가 거론되면 자신을 '진보적'이라고 생각하는 백인 입주자가 막상 흑인이나 유색인종이 자기네 건물로 이사오려고 하면 보수적으로 행동했다. 독신이자 전문직 여성인 내가 아파트를 보러 다닐 때 입주자에게 종종 '당신은 괜찮지만 당신을 찾아오는 사람은 바람직하지 않을 수 있다'는 말을 들었다. 정확히 어떤 사람을 지칭하는 거냐고 다그치자 흑인 남자가 그런 부류라고 답했다.

부동산 분야에서 계급 권력으로 인종을 초월할 수 있다는 생각과 달리 자유주의자든 보수주의자든 똑같이 인종차별을 정당화하기 위해 계급을 끌어들였다. 자신은 인종차별주의자가 아니라고 항변하면서도 사람들은 자기네 동네에 흑인이 너무 많아지면 부동산 가치가 하락한다는 사실을 모두가 안다고 주장할 것이다. 이런 방침에 동의하지는 않지만, 집값을 유지하려면 이를 따를 수밖에 없다고 말할 수도 있다. 앤드루 해커도 『두 개의 나라―분리되고, 적대적이고, 불평등한 흑과 백』에서 주택 분야의 인종차별 철폐 법안이 실효성 없음을 주장했다. 연구에 따르면, 흑인은 압도적으로 많은 수가 여러 인종이 뒤섞인 지역을 선호했지만 백인들은 대부분 백인들만 거주하는 지역을 선호하거나 흑인 인구가 한 명 혹은 한 가구일 경우에만 인종차별 정책 폐지를 받아들인다. 해커의 말에 따르면, 정치적 신념에 상관없이 주민의 과반수가 흑인인 동네로 이사가는 백인은 거의 없다. 백인이 대부분인 동네로 흑인이 이사하는 경우, 흑인의 비율이 8퍼센트를 넘으면 원래 살던 백인은 그 동네를 떠나고 그 동네로 새로 이사오려는 백인은 아무도 없다. 해커는 그런 현상을 이렇게 설명했다. “인종차별 철폐가 불가능한 일이 아니라고 해도 이렇게나 어려운 것은 전체 인구 비율 중 흑인이 12~13퍼센트를 차지한다는 인종 구성조차 인정하지 않는 백인이 상당수이기 때문이다." 해커는 원칙적으로 인종통합을 지지하는 백인이 많다고 인정하면서도 백인 대부분은 인종차별을 지지하는 현실에 주목하라고 한다.

해커에 따르면 우리가 누구와 더불어 살아야 하느냐에 관심이 쏠리는 상황을 방지하기 위해 백인우월주의자들은 주택 분야에서 벌어지는 차별이 "문화나 계급과 더 연관되는" 척을 한다. 그는 자신의 책에서 이렇게 주장했다. "백인들은 소득과 사회적 지위가 무척 다양하다. 게다가 이 나라 어딜 가든 백인 동네에는 그곳만의 위계질서가 확립되어 있다. 모든 주민의 소득 수준이 본질적으로 엇비슷한 지역에서도 자기네 동네에 동성애자가 살거나 이웃이 밤마다 진입로에 업무용 차량(파라곤 방역 회사)을 주차해두면 싫어한다. 백인과 한패가 되려면 바람직한 이웃이 되는 것만으로는 부족하다." 물론 백인이 동네에 집을 구하러 온 백인을 보기만 해도 그가 게이인지 밤마다 진입로에 어떤 차를 주차하는지 알 수는 없다. 해커는 동네에 흑인 거주 비율이 10퍼센트에서 20퍼센트 사이일 경우, 심지어 이사온 흑인의 소득과 사회적 지위가 자신과 같거나 자신보다 더 높아도 백인은 그 지역을 떠난다는 현실을 기록하면서 정작 계급 문제에 관해서는 의견을 싣지 않았다.

백인이 같은 인종에게 강도나 폭행을 당할 확률이 더 높다고 아무리 말을 해도 여전히 많은 백인이 주택 문제만 나오면 자신의 계급에 기반한 인종차별을 해명하기 위해 범죄에 대한 두려움을 꺼낸다. 앞서 말했지만 경제적으로 유복하고 경제적 지위가 비슷한 흑인이 이사를 오면 잠재적인 위협이 될 만한 사람이 그를 찾아올 것이라고 주장한다. 역설적이게도, 고급스러운 백인 거주 지역 중 많은 지역에서 백인이 저지르는 범죄가 판을 치지만, 이 사실 때문에 부동산 가격에 변동이 생기거나 이곳 주민들이 백인을 불신하게 되지는 않는다. 해커는 계급에 기반한 백인우월주의 때문에 모든 유색인종에게 바람직하지 못한 요소라는 낙인이 찍혔고 특히 흑인이 백안시된다고 썼다.

계급 문제를 거의 이야기하지 않는 이 사회에서, 부동산과 주택 분야의 인종차별이 거론될 때마다 상당수의 백인이 인종이 아니라 계급 때문에 차별을 한다고 주장할 것이다. 내 주변 백인 중에서 가장 진보적인 친구들과 지인들조차 부동산 문제에 있어서는 백인우월주의 사고의 영향을 인정하지 않는다. 그보다는 오히려 백인 주민들이 백인우월주의를 강화하고 영구화하려고 그러는 게 아니라 집값을 걱정할 뿐이라고 믿는다. 다시 해커의 글을 보자. "미국인은 백인 거주지의 색깔 구성을 탐지하는 매우 민감한 안테나를 가지고 있다. 실질적으로 어디든 대도시 지역에 사는 백인 가장은 인종 비율에 따라 각 지역의 순위를 가늠할 수 있다. 이런 지식을 고려해볼 때, 가족이 어디에 사느냐가 그 가족의 사회적 지위를 보여주는 지표다. 대체로 경제적 상황으로 순위를 매기지만, 흑인 지역과의 근접성도 평가 항목에 들어간다. 백인 가정의 경우, 여러 인종이 혼재되었거나 그렇게 변화하는 지역에 사는 기미가 보이면 항복했다는 표시로 받아들일 수 있다. 다시 말해 그 가정이 몰락의 길로 접어들었다는 증거로 비칠 수 있다." 미국에서 누군가의 계급적 지위가 경제적 요인만이 아니라 인종적 요인으로 정해진다. 흑인만 사는 상류층 지역은 결코 백인만 사는 상류층 지역과 계급적 지위가 같을 수 없으며 부동산 가치 또한 마찬가지다. 내가 인터뷰를 했거나 비공식적으로 이야기를 나눈 부동산업계 백인 종사자 중 대부분이 부동산 거래를 할 때 인종차별주의나 백인우월주의가 영향을 미친다는 사실을 인정하지 않았다. 그들은 부동산 문제에 계급과 인종 문제가 복잡하게 얽혀 있음을 부인하면서 인종이 아니라 계급 문제라고 누차 강조했다. 부동산업계에서 일하는 젊은 백인들만이 중개인과 집주인 사이에 퍼져 있는 인종차별 관행에 대해 기꺼이 이야기해주었다.

나는 캘리포니아, 오하이오와 플로리다에서 거의 백인들만 사는 지역에 집을 샀는데, 모두 주인이 직접 내놓은 집이었다. 캘리포니아를 제외한 나머지 지역에서는 흑인에게 집을 파는 게 좀 걱정스럽다는 얘기를 백인 집주인에게 들었다. 오하이오에서는 내게 집을 판 백인 부부가 같은 동네에 다른 집을 구해 살게 되었다. 그 부부는 계약하기에 앞서 연락도 없이 집으로 불쑥 찾아와 내게 집을 좀 보자고 했다. 그들은 내가 적절한 '계급'을 갖췄는지 확인하려고 했다. 그들은 부적절한 사람에게 집을 팔았다고 '진보적인' 이웃들에게 욕을 먹을까봐 걱정했다. 물론 내가 백인이었다면 이런 인종차별적 관행을 거의 겪지 않았을 것이다.

플로리다에서 살 집을 처음 알아봤을 때, 부동산 중개인들은 집값이 이미 다 오른 지역의 집만 보여주려고 했다. 이런 식으로 엄청난 차익을 남기려는 백인 집주인들은 비백인 구매자들에게 기꺼이 집을 팔았다. 사실 부동산 투기는 인종차별 금지 법안이나 반인종차별 주택 정책보다 인종 구성을 변화시키는 데 더 큰 역할을 했다. 가격이 치솟자 백인들은 이전처럼 가뿐하게 집을 옮길 수가 없었다. 수많은 주요 도시에서 계급 특권을 지닌 백인들(그리고 다른 집단의 백인들)이 이전에는 빈곤층과 노동계급만 살거나 종종 비백인이 섞여 살던 지역으로 옮겨가는 추세다. 백인의 계급 권력은 임대료와 세금, 집값을 올려 빈곤층과 노동계급을 떠나보냈다. 계급 알력이나 인종 충돌이 겉으로 드러나지는 않지만, 빈곤층은 어찌해볼 도리도 없이 계급 이동에 의해 퇴출되었다. 이런 일은 소도시에서도 일어난다. 내가 집을 산 소도시에는 흑인들이 많이 살았으며 한때는 흑인으로만 인종이 구성돼 있었다. 하지만 원주민보다 더 부유한 백인이 속속 이주해오면서 부동산세와 집값이 오르자 더 좋은 동네를 점점 백인들이 차지했다. 이런 식의 변화는 경제 형편에 맞는 집을 찾아 인종과 민족 구성이 다양한 환경에서 살고자 하는 진보적인 백인들이 거주하는 대학가에서도 발생한다.

토지가 부족한 주에서 가난한 지역은 종종 '식민지화'되었다. 예전이었다면 백인들이 기피한 지역에서도 기꺼이 살 생각이 있는, 인습에 얽매이지 않으며 특권계급 출신으로 신분이 상승한 젊은 백인들이 이 지역을 찾았다. (샌프란시스코, 오클랜드, 버클리 같은) 대도시 부동산 시장의 변화는 쉽게 추적 가능하다. 이런 대도시에서는 관습에 연연하지 않는 특권계급 출신 백인들이 한때는 가난하고 유색인종이 살던 지역으로 이동해 부동산 가격이 치솟는 현상을 볼 수 있다. (샌프란시스코 해안 지역에서는 동성애자에게 덜 적대적인 공동체를 찾다보니 젊은 백인들이 자신보다 더 가난하고 유색인종인 사람들이 거주하는 지역까지 흘러갔다.) 이런 백인들은 그전부터 그 지역에 살았던 빈곤층과 노동계급보다 집세를 더 냈는데 그러면서 해당 지역은 변해갔다. 샌프란시스코에서는 전통적으로 흑인과 히스패닉이 거주하던 지역이 지금은 백인 지역이 되었다. 이러한 변화는 부동산 투기와 계급 엘리트주의, 백인우월주의 사고의 합작품이다.

뉴욕시 부동산에 불어닥친 변화는 훨씬 더 명백하다. 메리 바풋은 『보텀 피시 블루스-다가오는 흑인 학살*Bottom Fish Blues: The Coming of Black Genocide*』에서 이런 변화를 알려주는 인종과 계급 정치에 대해서 썼다. 할렘이 서서히 비흑인 거주지로 변화하는 과정에 대한 깊은 통찰력이 돋보이는 분석이다. 메리 바풋은 이렇게 썼다. "할렘은 맨해튼 꼭대기에 자리잡고 있으며 아프리카계 미국인의 반란 본거지이다. 그러니 뱀 대가리를 잘라 숨통을 끊어놓자. 할렘은 백인의 땅이 될 것이다. 가난한 아프리카계 미국인과 라틴계 미국인을 위한 집은 매년 점점 줄어든다. 이것이 바로 백인 지배계급이 계획하고 코치 행정부가 수행하고 있는 장기 계획이다. 가령 1974년 뉴욕시는 세미라미스 아파트를, 1978년에 키도 아파트를 인수했다. 할렘 중앙에 위치한 이 두 곳의 큰 아파트는 구조적으로 안전하고 센트럴파크의 북쪽 끝을 내려다본다. 그런데도 뉴욕시는 이 건물을 수리해 무주택자에게 주지 않고 10년 동안 시의 '수용시설'로 활용했다. 현재 뉴욕시는 이 건물을 개발업자에게 겨우 3만 5천 달러에 넘겼다. 주 당국은 개발업자에게 토목공사비로 35만 달러를 대출해줄 계획이고 개발업자들은 재건축을 진행해 71채의 아파트를 지을 예정인데 한 채당 최소 13만 달러에 분양할 예정이다. 물론 집이 없는 아프리카계 미국인 여자들과 아이들에게는 팔지 않을 것이다. 뉴욕시는 할렘 곳곳에 수용시설을 만들어두었는데 의식적으로 주민들을 몰아내려는 책략일 뿐이다. 그들의 계획은 맨해튼에서 아프리카계 미국인과 푸에르토리코계 미국인을 완전히 몰아내는 것이다." 바풋은 1993년에 이 글을 발표했다. 그후 10년도 지나지 않아 뉴욕시는 할렘의 주택 60퍼센트를 확보한 후 빈곤층과 노동계급을 몰아내고 여피 할렘을 만들 생각이다. 그렇게 되면 할렘의 인구는 중하층 백인들로 거의 채워질 것이다.

이렇게 주정부가 주도하는 인종차별적 계급투쟁은 미국 전역에서 일어나고 있다. 바풋은 이렇게 주장한다. "데이비스는 메릴랜드주의 주도 아나폴리스에서 노동계급 아프리카계 미국인들이 모이는 장소였다. 지금 '데이비스'는 여전히 그 이름을 사용하지만 주지사가 식사를 하고 흑인은 환영받지 못하는 여피들의 펍이 되었다. 캐스트로는 샌프란시스코 중심부에 위치한 가난한 아프리카계 미국인과 라틴계가 모여 사는 지역이었다. 15년 전 시 정부는 백인 게이 남성이 아프리카계 미국인과 라틴계 미국인 거주 지역을 '재개발'하는 걸 지원했는데 그러면서 캐스트로는 백인 게이들이 운영하는 작은 상점과 그들의 집이 모인 특별한 공동체로 변했다." 이런 변화 때문에 현재 샌프란시스코 전역에서 인종과 민족 구성이 바뀌고 있다. 계급 특권이 없는 유색인종이 사는 지역의 인구가 더 조밀해지면서 환경적으로 안전한 주택을 유지하는 데 필요한 각종 서비스가 점점 더 부족해지고 있다.

의미심장하게도, 바풋은 백인 여성의 계급 지위에 생긴 변화로 인해 긍정적인 변화와 부정적인 변화가 둘 다 유발된다는 사실에 관심을 모으기 위해 부동산 분야에서 자행되는 인종차별적 계급투쟁 문제를 최초로 지적한 비판자로 손꼽힌다. 그녀는 이렇게 주장했다. "아프리카계 미국인 여성의 무주택 상황은 백인 여성이 같은 백인 여성끼리 평등을 추구하는 현상과 직접 이어진다. 특히 젊은 백인 여성은 집을 구해야 한다. 독립을 할 예정이고 같이 사는 남자가 없다면 혼자만의 집이 필요하다. 남자만큼이나 백인 여성 중에도 집이 필요한 사람이 늘고 있다." 그녀는 뉴욕시의, 특히 맨해튼의 주택 정책을 예로 들며 백인 여성이 품은 신분 상승의 열망이 유색인종 퇴출의 촉매제로도 작용했음을 환기했다. "러피(전문직에 종사하는 레즈비언)들은 파리를 죽이거나 쫓아내지 않아도 된다. 그저 '스페인 할렘'에 아파트만 한 채 있으면 된다. 내가 아는 한 페미니스트 의사는 브루클린의 브라운스톤에 사는 '도시 개척자'였다. 그녀는 자신이 원래 그곳에 살던 유색인종 여성과 그 여성의 부양가족을 몰아낸 '화이트 토네이도'라는 사실을 전혀 몰랐다." 백인 여성과 계급 특권을 갖춘 유색인종 여성들 사이에서 새롭게 발견된 계층 이동 그리고 페미니즘 운동과 신분 상승에 관한 인종화된 계급 정치의 결과로 발생한 빈곤층과 노동계급 공동체의 퇴출 사이에 어떤 연관성이 있는지 살펴본 연구는 아직 이루어지지 않았다. 데니스 올트먼은 『동성애의 미국화–미국의 동성애화*The Americanization of the Homosexual: The Homosexualization of America*』에서 (유색인종 남자가 일부 포함된) 백인 게이의 계급 권력 상승을 살피고 이 현상이 부동산과 주택 문제를 다루는 공공 정책에 어떤 영향을 미치는지 알아보았다.

의미심장하게도 자신을 인종차별주의자가 아니라고 생각하거나 자신은 그런 편견을 갖지 않았다고 자부하는 사람도 계급 권력 유지에 필요하다면 거리낌없이 인종차별을 지지한다. 미국 전역에서 빈곤층 거주 지역은 공영주택과 주민의 경제 형편에 맞는 주택 구조로 구성되기에 일반적인 지역보다는 외관이 더 다양하다. 특권과 권력을 지닌 무리 사이에서는 차별이 훨씬 더 심하다. 부동산 가치를 사회적 지위와 경제적 투자 대상으로 보는 태도는 주택 차별을 관행으로 인정하는 계급 정치다. 미국은 사유지를 침범한 사람을 죽여도 되는 전 세계의 몇 안 되는 국가다. 부동산 소유주의 권리가 가정폭력으로 매일 희생되는 아이들과 여자들의 권리보다 더 보호받는 나라다. 사유재산 보호가 근본주의 종교 단체의 열성만큼이나 열렬한 의지로 지탱되는 문화에서는 차별을 철폐하고 누구나 적절한 비용으로 안전하게 거주하는 주택을 만들기 위한 노력에 대중적인 지지가 모이기 어렵다.

국가가 지원하는 복지 정책에 대해 가난한 사람들의 공공주택 입주를 막자는 공격이 쏟아진다. 그 결과 사람들이 살 집을 잃는 문제가 심해졌다. 이 나라가 무주택자 문제를 해결하는 데 조금도 관심이 없다는 게 바로 사유재산 숭배 풍조를 보여주는 증거다. 이런 무주택자에게 집을 공급하려면, 이 나라 시민은 누구나 거처를 가질 권리가 있으며 우리가 내는 세금으로 이 권리를 인정하고 보호해야 한다는 사실을 국민 모두가 믿어야 한다. 안타깝게도 미국인 대다수는 우리를 안전하게 지켜줄 것이라 장담하는 군국주의를 지원하기 위해 세금을 써야 한다는 주장은 순순히 받아들이지만, 소득이 줄고 저렴한 주택이 부족해질 때 대부분의 사람이 직면할 위험은 무시한다. 미국 시민은 대부분 자기 집이 없으나 주택담보대출이 자신을 안전하게 지켜줄 것이라는 자본주의 논리에 현혹되어 있다. 구조조정으로 일자리를 잃은 후 집을 잃는 노동자가 점점 증가하지만 이러한 상실은 숨겨진다. 언론에서는 부동산 경기가 좋고 시장은 강하다고 떠든다. 이는 자원을 무제한으로 보유한 사람에게나 시장이 강하다는 말이다.

미국이 직면한 다른 어떤 문제보다도 주택 문제야말로 시민들에게 계급 문제의 현실을 직시하게 만들 것이다. 이 나라에서는 감당도 못하고 평생 소유도 못할 집을 사는 사람이 매일 생긴다. 역설적이게도 미국 전역에서 소득은 줄고 있는데 집은 더 크고 웅장해진다. 가진 자와 못 가진 자의 격차는, 한때는 자신도 언제까지나 주택을 소유할 권리가 있다고 믿었지만, 무한한 자원을 가진 사람만 소유할 수 있는 사치품으로 주택이 급속도로 변해가는 현실에 직면한 시민들의 반발로 기록될 것이다. 신용이 있으면 누구나 집을 살 수는 있지만, 누구나 그걸 계속 소유하는 건 아니다. 미국에서 앞으로 계급투쟁이 벌어질 분야는 바로 주택이다. 무주택자가 늘어나고 일자리는 줄어들고 사람들을 다 수용할 수 없을 만큼 주택이 부족해지면 주택 분야에서의 계급 차별 문제가 더욱 극명하게 부각될 것이다. 우리 중에서 계급 특권이 있는 사람들, 즉 이 사회의 경제 계급 조직 중간층에 위치한 사람들은 그때가 되면 어디에 설지 선택해야만 할 것이다. 소득에 상관없이 누구나 안전하고 저렴한 집을 가질 권리를 옹호하는 편에 설 것인가? 아니면 이윤을 얻기 위해서라면 무슨 짓이든 하는 탐욕스러운 부동산 투기꾼들의 편에 설 것인가?

부유하지는 않지만 계급 특권을 어느 정도 지닌 주택 소유자에게 부동산 투기를 부추김으로써 계급 특권을 다소간 가진 사람들은 유혹의 손길을 내민다. 이 유혹은 돈밖에 관심이 없는 지배계급의 이익과 우리의 계급 이익을 결속시킨다. 플로리다에서 집을 보러 다닐 때였다. 그곳 사람들은 대부분 마약중독처럼 부동산 투기에 중독돼 있어서, 집을 보러 갈 때마다 번번이 중개인은 내게 나중에 집값이 많이 오를 거라고 말했다. 그때마다 나는 실거주할 집을 보러 다니는 거라고 거듭 언급해야 했다. 나중에 그곳을 떠날 상황이 되면 처음에 매수한 가격을 받으면 좋겠다고는 생각했지만 내 주된 관심사는 앞으로 살 집을 어떻게 구하느냐였다. 막대한 수익을 올릴 수 있는 투자용으로 집을 사라고 사람들을 부추기는 풍조는 진짜 부동산 거래를 왜 하는지에서 사람들의 관심을 돌린다. 개인이든 기업이든 부동산 투기로 벌어들이는 막대한 이윤은 보이지 않는 막대한 손실로 이어진다. 우리 눈에 보이지 않는, 매일같이 발생하는 집을 잃는 사람들, 살 만한 곳을 못 구해서 자식을 데리고 부모님 집에 얹혀사는 '다 큰' 아이들, (시가 방치해두다가 갑자기 개발업자에게 팔아버려서) 공공주택에서 내몰린 사람들, 길거리는 아니지만 수용소나 다름없는 거처에서 생활할 수밖에 없는 노숙인의 증가. 미국에 만연한 주택을 둘러싼 보이지 않는 고통은, 사람들이 거리로 나와 모두에게 집을 달라고, 비인간적인 부동산 투기를 근절하라고, 차별을 철폐하라고 요구하는 순간 점점 가시화될 것이다.

# 13장

# 계급의 경계를 넘어

나는 나라는 인간이 형성되어가는 시절의 대부분을 계급 배경이 무척 다양한 이웃에게 둘러싸인, 인종 분리 정책으로 흑인만 사는 공동체에서 보냈다. 어떤 사람들은 가난해서 하루 벌어 근근이 입에 풀칠하는 정도였다. 그들은 기찻길 옆 작은 판잣집에 살았는데 항상 깔끔하게 정리정돈되어 있었다. 우리처럼 먹여 살릴 입이 많은 노동계급 가정도 있어서 아버지들이 탄광처럼 월급을 많이 받는 일터에 나가도 여전히 가끔 살림이 쪼들렸다. 이런 집에서는 여자가 가사도우미나 식당 주방일을 하거나 때로는 담배 농장이나 썬 담배를 만드는 공장에서 일하는 등 서비스 직종에서 일하기도 했다. 예쁜 색으로 칠한 집에는 대개 중산층 가족이 살았고 아주 드물게 돈이 무척 많은 부자도 살았다. 그들은 교사와 변호사, 장의사였다.

그 세계에서는 누군가 경제적으로 어려워지면 그 사실을 곧 다른 사람이 알아채고 가진 것을 함께 나눌, 필요한 것을 마련할 방법을 찾았다. 격리된 이 작은 세계에서 비밀은 금세 새어나가기 마련이었다. 학교에서는 선생님들이 아이들에게 항상 주의를 기울여 도움이 필요한 아이를 금방 알아보았다. 교회에 가면 모두가 나를 지켜보았다. 다는 아니더라도 누군가는 집에 들러 무슨 일이 없느냐고 묻곤 했다. 물론 그 도시의 작은 마을이 전부 우리 동네 같지는 않았다. 그러나 우리 마을 주민들은 이웃의 사정을 다 알고 필요하다면 주저하지 않고 참견을 했다.

우리집은 6녀 1남으로 아홉 명이나 되는 대가족이었다. 아버지는 온갖 직업을 전전하다가 성인이 된 후에는 지역 우체국 관리인으로 장기간 일했다. 아버지가 그 일을 시작하셨을 때만 해도 인종차별 정책이 여전히 일반적인 일이었다. 같은 일을 해도 백인 노동자가 돈을 더 많이 벌고 흑인 노동자는 그에 훨씬 못 미치는 돈을 받았지만 그게 잘못됐다고 생각하지 않았다. 부당한 관행을 금지하는 법이 시행되자 국가기관에서 일하는 경우에는 상황이 바뀌었지만, 견제와 균형이라는 체제가 갖추어지지 않은 곳에서는 관행이 이어졌다.

아버지는 성실하게 일하셨지만 애초에 대가족인 탓에

살림은 언제나 빠듯했다. 그래도 기본적인 필수품이 부족한 적은 없었다. 어머니는 요리 솜씨가 무척 좋으셨다. 우리는 항상 깨끗한 옷을 입었다. 낡은 주택에 살았기에 난방비가 비싸서 겨울에 종종 춥게 지냈지만 그래도 우리는 집이 있었다. 우리는 계급에 대해 생각해본 적도 없었다. 대신 인종에 대해 생각했다. 계급의 경계는 넘어설 수 있었다. 가끔 계급에 기반한 갈등이 수면 위로 드러났는데, 중산층 교사들이 노동계급에 속하는 가난한 제자를 위해 그 부모와는 다른 바람을 품어 종종 충돌하기도 했다. 어쨌든 계급이 뭐든 우리는 똑같이 인종차별을 받는 세상에 살았다. 우리는 서로를 다 알았고 공동체에서 살기 위해 애를 썼다.

집 근처의 주립대학이 아니라 '비싼' 대학교에 진학한 후에야 새롭고 다른 방식으로 계급 차이를 직면하게 되었다. 여느 노동계급 부모처럼 우리 부모님도 내가 학교나 책에서 배운 것을 말씀드리면 종종 경계하셨다. 내가 다니고 싶어한 비싼 학교에서 이상한 생각을 배운 탓에 진짜 세상으로 나가서 내가 인생을 망칠까봐 부모님은 걱정했다. 내가 부모님과 다른 말을 쓰고, 다른 신념과 생활방식을 지지할까봐 부모님이 두려워했다는 걸 그때는 이해하지 못했다. 부모님은 노동자였다. 두 분에게는 열심히 일하고, 가정을 꾸리고, 하느님을 경배하고, 가끔 즐거운 시간도 갖고, 그렇게 하루하루 사는 게 행복이었다.

나는 비록 비싼 학교에 입학하고 싶었지만 주변 노동계급과 빈곤층에 속하는 사람들과 마찬가지로 이러한 신념을 가지고 있었다. 나는 열심히 일하는 게 두렵지 않았다. 다만 사상을 토대로 한 세상에서 일하고 싶었다. 노동계급 사람들은 그런 생각을 잘 이해하지 못했다. 넉넉하게 살 만큼 돈을 벌고 존경을 받으니까 교사가 되고 싶다고 말했다면 그들은 수긍했을 것이다. 그런데 그들이 보기에는 학비도 비싼 학교에 들어가서 뭔가를 배우겠다는 건 아무짝에도 쓸모없었다.

살면서 처음으로 계급 충돌을 겪은 건 대학 지원 때문이었다. 내가 전액 장학금을 받을 수 있고, 기숙사비가 싸고, 교재는 도서관에서 대출할 수 있는 집 근처 주립대학에 들어가겠다고 했다면 우리 가족은 더 쉽게 받아들였을 것이다. 나는 비싼 사립대학에 가고 싶었다. 부모님은 돈 문제를 터놓고 이야기하거나 내가 집을 떠나 그동안 자란 것과는 다른 세상에서 낯선 사람으로 변할까봐 두렵다고 툭 터놓고 말씀하지 않았기 때문에 계급의 경계를 건너면, 다시 말해 노동계급 소녀가 부자 학교에 들어가면 어떨지를 현실적으로 생각하지 않았다. 부모님이 나와 내 미래에 대해 얼마나 노심초사했는지 이제는 안다. 두 분은 내가 보지 못하는 것을 보셨다.

결국 내 의사를 관철해 집에서 멀리 떨어진 비싼 대학에 들어갔다. 이 학교에 들어가기 위해 장학금에 학자금 대출까지 받아야 했다. 책을 사기 위해 일을 해야 했고 집에 다녀갈 경비를 집에서 마련해주지 못했기 때문에 명절에도 집에 못 갔다. 그래도 내가 가장 좋아했던 선생님에게 이곳이 진지한 사색가들의 장소라고, 이곳에서는 생각을 진지하게 받아들인다고 들었기 때문에 이 학교를 다니고 싶었다. 상류계급 출신으로 인종차별을 반대하는 백인 진보주의자였던 선생님은 계급 문제에 관해서는 이야기해주지 않았다.

그리 오래지 않아 계급의 경계를 넘는 일이 쉽지 않다는 걸 깨달았다. 내가 속한 계급의 가치는 대학 동기들의 가치와 달랐다. 나는 그들이 빈곤층과 노동계급에게 품는 지레짐작에 분개했다. 백인 엘리트만 그런 게 아니라 흑인 부르주아 엘리트들도 빈곤층과 노동계급에 대해 더 잘 아는 것 같지 않았다. 내가 사귄 몇 안 되는 친구들은 흑인이건 백인이건 대체로 계급 배경이 엇비슷했다. 나처럼 그 아이들도 일을 했다. 그들도 학자금 대출과 장학금을 받았다. 나는 일터와 학교에서 모두와 어울리며 여러 계급의 가치를 알게 되었다. 기숙사건 싸구려 아파트건 개인적인 공간인 집에서는 어린 시절부터 믿어온 가치관을 지키고 키워나갔다. 가족과 내가 자란 공동체 사람들에게 설령 내가 세상에

나가서 특권계급 사람들과 어울리더라도 그들에 동화되지 않고 내 존재의 기반을 저버리지 않는다고 보여주고 싶었다.

나보다 더 특권을 누리는 계급의 사람들과 어울리면서 작은 인종 분리 공동체에서 배운 것보다 계급에 대해 더 많이 알게 되었다. 상류계급과 부자들 사이에서 살기 전에는 누군가가 빈곤층과 노동계급을 경멸하는 걸 들어본 적이 없었다. 누군가가 부정적인 고정관념을 아무렇지도 않게 말하면 우뚝 멈춰 서곤 했다. 나는 계급에 대해 반대 목소리를 높였으나 얼마 후에는 내 갈 길을 가는 편이 낫겠다는 생각이 들었다. 특권계급 사람들의 틈바구니에서 지내면서 그들이 어느 정도로 자신의 계급 이익을 지킬 각오가 되어 있는지를 알게 됐고 그러면서 그들의 계급 가치를 멸시하게 되었다.

나는 가난한 노동계급을 벗어나게 해줄 교육을 받기 위해 발버둥을 쳤지만 내가 사는 세상보다 원래 살았던 세상에 있을 때 마음이 더 편했다. 나는 노동자들과 정치적 연대를 맺었고 그들에게 마음을 썼다. 나는 세상에 나와 배운 새로운 사상과 습관에 내가 자란 노동계급의 다양한 측면을 뒤섞어 나만의 생활방식을 만들어냈다. 나는 다르게 옷을 입는 법, 다르게 먹는 법, 새롭게 말하고 생각하는 법을 배웠다. 이러한 경험 중 내가 원하는 것만 취해 어릴 때 배운 가치관과 결합시켰다.

그 무엇도 내가 나고 자란 세상과 나를 떼어놓을 수 없다는 자신감에 찬 나는 계급의 경계를 가뿐하고 우아하게 넘었다. 집에 오면 우리 세상과 우리 방식의 언어로 부모님과 대화를 주고받았다. 학교에 가서는 이러한 집에서의 방식은 나만 간직했다. 나는 어느 한쪽에만 속하지 않았고 그러고 싶지도 않았다. 이렇게 계급의 경계를 넘나들면서 내 자아에 대해 이전과 다른 시각을 가지게 되었다. 나는 집으로 되돌아갈 수 있었다. 현재 있는 곳에 섞여들 수도 있었다. 하지만 뭔가 내가 새로운 사상을 가져오거나 뭔가 바꾸려 들 때마다 그 세상은 문을 닫아버리겠다고 나를 겁주었다.

지금까지 계급에 관해 쓴 다른 글처럼, 이 책에서도 가족에 관한 이야기를, 종종 같은 이야기를 다르게 변주하며 들려주었다. 내가 태어난 노동계급 세상과 계속 이어져 있다는 사실은 나의 계급 가치와 정치적 연대를 시험하고 의문을 품게 했다. 그 세계와 직접적인 연결고리를 긍정하고 유지했기에 이 사회의 계급 역학에 관해 꾸준하게 비판적인 시각을 가지게 되었다. 이십대에는 다양한 계급을 경험하는 일이 쉬워 보였다. 그 시절 내가 번 돈은 빈곤층이나 노동계급 중에서도 가장 밑바닥 수준이었다. 하지만 계급은 돈보다 더 많은 의미를 지닌다. 내가 딴 박사학위는 중상류층으로 진입하기 위한 준비과정이었다.

명문대인 예일대에서 처음으로 종신교수가 될 수 있는

신분으로 강의를 하면서 계급 내에서 나의 지위가 완전히 달라졌다. 가진 자의 세상과 못 가진 자의 세상을 오가는 어정쩡한 위치에서 나는 완전히 벗어났다. 공식적으로 더는 노동계급이 아니었다. 노동계급과 빈곤층 출신이 대개 그렇듯이 나도 그 자리까지 가느라 차곡차곡 쌓인 빚을 갚는 데 월급의 상당 부분을 썼다. 성공한 사람이라면 가진 것을 타인과 나누는 게 의무라는 인종 고양의 교리를 배우며 컸으므로 수입 중 일정액을 가난한 사람을 위해서 썼다.

듀보이스가 처음으로 언급한 '재능 있는 10퍼센트'라는 말에 내가 꼭 들어맞지는 않는 듯하나, 나는 우리 집안에서 처음으로 대학에 들어간 세대이자 유일하게 박사과정을 마친 사람이다. 고난과 역경으로 가득한 여정이었다. 내가 나고 자란 노동계급의 지지가 없었다면 그 가시밭길을 끝내 헤쳐나오지 못했으리라. 이들과 계속 이어져 있었기 때문에 나는 힘을 얻었다. 새로 만난 세상이 나와 내가 나고 자란 세상을 바보로 만들었지만 그럴 때도 자라면서 굳게 믿었던 가치관이 나를 지탱해주었다. 나는 그 세상에 마음의 빚과 함께 책임감을 느꼈다. 내 계급이 변하더라도 그 세계를 존중하고 그 세계와 연대하기로 마음을 먹었다.

노동계급의 세상에 경의를 표하는 방법 중 하나가 우리의 현실을 좀더 선명하게 밝히도록 계급에 대한 글을 쓰는 것이었다. 노동계급이 지닌 건설적인 가치와 신념에 대한 글을 쓰는 게 고정관념에 도전하는 일처럼 느껴졌다. 한편으로 노동계급의 경험을 향수에 젖어 미화하는 학자가 되고 싶지 않았다. 그랬기에 노동계급의 삶이 지닌 부정적인 측면도 글로 옮겼다. 부모님을 비롯한 그 세상 사람들은 부정적인 경험을 글로 남기는 일의 중요성을 인정하지 않았다. 내가 글에서 얼마나 많은 긍정적인 면을 지적했느냐는 아랑곳하지 않으면서 내가 부정적인 면을 부각하면 그때마다 배신감을 느꼈다. 모두 그런 식은 아니지만, 내가 누구보다 사랑하는 사람들이 나를 가장 친숙한 세상을 내려다보는 배신자로 여겼음은 받아들이기 힘들었다.

역설적이게도, 내가 어울렸던 무리 중에서 급진적 지성인들이야말로 계급 이동이 간단한 일인 것처럼 말했다. 특히 페미니스트들과 문화연구자들이 그랬다. 그 경계를 넘나드는 일을 특권계급 출신의 동료들은 연구차 빈민굴을 방문하거나 이국적인 외국 땅에 위치한 가난한 공동체에 제 발로 들어가는 일쯤으로 생각했다. 백인 동료들에게 벨리즈나 엘살바도르, 뉴기니, 에콰도르, 아프리카 전역, 인도, 중국과 중동 지역 등의 여행담을 들을 때면 매혹되기도 하고 때로는 부러워도 했다. 여행지 목록은 끝이 없었다. 어떨 때 보면 이들의 여행은 '다른 사람을 먹는' 여행, 즉 특권을 가진 서구인이 민족적, 문화적 식인주의에 빠지는 과정이나 다름없었다. 어떨 때는 자신과 다른 사람의 경험을 배우고 도움을 주려고 노력하는 시간이기도 했다.

여행의 목적이 무엇이든 이런 경험은 훗날 자신이 사는 나라, 도시, 공동체에 존재하는 '남과는 다르고 권리를 빼앗긴 사람들'에 대한 책임감의 부재를 정당화하기 위한 문화적 자본으로 사용된다. 돈을 기부하면 관대함의 증거가 기록으로 남기 때문에 다시 기부할 필요가 없는 자선 행위와 마찬가지로 이들은 단 한 번 기여를 해놓고는 미국 내에서 계급 정치와 건설적인 대립을 지속하려는 시도를 대체시켜버린다. 당신과 같은 말을 쓰고, 당신과 같은 식탁에서 밥을 먹고, 당신의 집에서 거처를 찾고, 당신의 일자리를 가져갈지도 모를 사람들의 배고픔보다 외국에서 벌어지는 기아에 더 흥미를 갖는다.

나는 다양한 계급을 넘나드는 일이 불가능하지는 않아도 무척 어렵다고 생각했는데 그 생각은 지금도 변함이 없다. 돈을 좀더 벌고 페미니스트 사상가이자 문화비평가로 명성을 얻자 내가 번 돈은 나와 우리 가족과 친구들 사이에서 갈등의 원천이 되었다. 오랫동안 나와 가족과 친구들의 견해가 달랐지만, 돈에 관해서라면 우리는 늘 쪼들린다는 점에서 같은 처지였다. 하지만 나는 삼십대 중반부터 더는 쪼들리지 않았고 수입도 늘었다. 독신인데다 아이도 없기에, 친구들과 가족들은 불가능한 방식으로 좀더 수월하게 빚을 갚고 소박하게나마 살게 되었다. 나는 경제적으로 그들에게 힘이 되고 싶었다. 우리의 삶을 어떻게 하면 개선할 수 있는지 정보와 지식도 함께 나누고 싶었다.

나는 옷을 사는 데 많은 돈을 쓰거나 눈에 띄게 옷차림이 요란한 유형이 아니므로 경제적으로 그리 유복하지 않은 친구들은 내가 성공했다고 여기지 않곤 했다. 그들에게 나는 그들의 사고방식에 들어맞지 않거나 이상한 사람이었다. 한번은 사치와 과소비 때문에 중산층 대열에서 이탈한 남동생이 뉴욕의 내 아파트를 찾아왔다. 동생은 작고 화려하지도 않은 우리집을 보고 놀라움을 숨기지 않았다. "누나가 엄청나게 잘나가는 줄 알았는데." 그러더니 이렇게 물었다. "왜 이렇게 사는 거야?" 나는 소박하게 살지만 이 정도 삶도 내 사고방식으로는 사치스럽기 때문에 남과 더 많이 나누려고 한다고 설명했다. 급기야는 내가 얼마를 벌고, (집세와 교육비, 공과금 등을 비롯한 내 생활비와 남을 돕는 데 쓰는 돈을) 어디에 어떻게 지출하는지 내 재정 상태를 구체적으로 보여주자 그제야 내 시각을 현실적으로 이해했다.

빈곤층과 하층계급의 수많은 사람이 그렇듯이 내 동생도 돈으로 실제로 무엇을 할 수 있는지 현실 감각이 없었다. 너무나 많은 사람이 신용카드와 장기 대출로 분수에 넘치게 소비를 하고 감당하지 못할 생활방식을 고수하는데 이러한 인식 부족에 이것도 어느 정도 영향을 끼친다. 한번은 중상류층 전문직 흑인 여성을 대상으로 돈과 지출방식에 대해 워크숍을 진행했는데, 그중 대부분이 형편에 맞지 않게 과소비를 하는 바람에 모아둔 돈이 거의 없다길래 깜짝 놀랐다. 경제적으로 윤택하지 않고 그래본 적도 없는 사람들은 다른 사람의 경제적 가치를 물질적 재산으로 판단할 수 있다고 생각하기도 한다. 그들은 계급 특권과 부유함을 갖춰야만 이뤄낼 듯한 생활방식을 보이는 사람을 보고도 실은 빚으로 그렇게 만들었을지 모른다고는 미처 생각하지 못한다.

사실 계급 특권을 어느 정도 갖춘 흑인 중에는 겉으로 부유해 보이는 생활방식(큰 집, 새 차, 비싼 옷)을 영위하지만 실은 형편이 어려운 가족에게 책임감을 느껴 경제적으로 고충을 겪으면서도 잘사는 것처럼 보이려고 애쓰는 사람도 있다. 연구에 따르면 넉넉한 수입을 가진 중산층 흑인 대부분이 가족과 친척을 돕느라 수입의 상당 부분을 쓴다. 그들의 재정 사정이 악화된 건 남을 돕느라 과분하게 돈을 써서가 아니라 사치스러운 삶을 욕망해서다. 가진 것을 나눔으로써 유지하고 강화하고자 한 관계를 돈을 둘러싼 스트레스와 충돌이 망가뜨릴 수도 있다.

돈을 더 많이 벌수록 나에게 경제적 도움을 청하는 사람이 더 늘어났다. 그들을 경제적으로 도와주지 못할 때 불만이 돌아왔고 그러한 일을 겪으면서 내가 긍정적인 인간관계에 필요한 정서적 욕구를 돌볼 수 없게 되자 문제가 발생

했다. 게다가 가난을 수치스러워해서인지 어떤 사람들은 실제로는 안 그랬다고 해도 상대가 자신을 '무시한다'고 느끼는 것이 분명했다.

돈으로 다른 사람을 멋대로 휘두르는 일이 워낙 잦다보니, 과거에는 존재하지 않던 위계가 돈 때문에 만들어져서 충돌로 이어지기 일쑤였다. 나 같은 입장의 다른 사람들처럼 나도 곤궁한 사람들을 자주 만났는데 그중에는 가진 것을 나누려는 내 의지를 약점으로 여겨 이를 악용하려는 사람도 있었다. 나도 몇 번이나 속고 이용당했다. (가령, 어떤 학생이 찾아와 돈이 없어 학업을 못 마칠 상황이라고 말하면 나는 돈을 보태준다. 그러면 그 학생은 돈을 챙겨서 학교를 그만둔다.) 기존의 계급 엘리트주의와 협력하지 않으려 하면, 즉 가진 것을 공유하려고 노력하다보면 반드시 충돌이나 사고를 겪기 마련이다. 소외계층 사람 중 상당수가 종종 부유한 사람만 할 법한 약탈적 자본주의 가치를 추구하기 때문이다. 종종 경제적으로 어려운 사람들의 의식을 고취해야 하는데, 그래야 지금과 다르게 살기 위해 애쓰는 진보적인 개인의 죄의식을 유발하고 이들을 착취하는 낡은 모델이 힘을 발휘하지 못하기 때문이다.

부자 중에는 자신의 계급 이익을 보호하면서도 남을 도울 수 있는 자선사업과 후원 같은 구닥다리 방법으로 자원을 나누려는 사람이 너무 많다. 이런 식으로 지원하는 경우에는 거의가 경제적으로 착취당하는 계급 구조에 개입하거나 도전하지 않는다. 게다가 불평등한 경제체제로 고생하는 사람을 신경쓰는 부자들이 자기 노력이 악용된다는 사실에 종종 실망하기도 한다. 이런 반응은 사보타주와 방종일 수도 있다. 계급 특권을 갖추고 정치적으로 기민한 사람이라면, 우리가 공동체와 사회를 변화시키는 데 부적합한 모델을 사용하므로 최선의 노력을 기울여도 결과가 신통찮은 경우가 반드시 생긴다는 걸 명심해야 한다.

내 도움이 오용되거나 의사소통이 되지 않을 때면 나는 이를 효과적인 개입법을 고안하는 기회로 삼았다. 가진 것을 나누는 일이 효과를 거두지 못하면, 곤궁에 처한 사람이 겪는 계급 기반의 고통에 공감하기를 거부하고 특권계급의 이익에 충성을 보여주는 방어적인 입장을 취하는 편이 간단할 것이다. 하지만 나는 반계급 엘리트주의를 바탕으로 하는 연대에 전념했다. 저항 투쟁의 일환인 그 연대는 계급을 초월한 연대를 강화하는 방식으로 다양한 상황을 해결하고 문제를 처리하고자 한다. 물론 말처럼 간단하거나 쉬운 일이 아니다. 계급이 달라도 연대를 유지하려면 우리가 어떻게 행동하고 무엇을 해야 하는지 알려주는 이론이나 현장 연구가 거의 진행되지 않았다.

소외계층 동료들이 스스로 더 나은 삶을 살도록 돕는 과정에서 내가 직면한 가장 까다로운 문제는, 쾌락주의 소비지상주의에 대한 폭넓은 수용 그리고 만족을 절대 뒤로 미루지 말라는 주장이 가난한 노동계급 시민들의 계급 권력을 약화시키는 방식에 도전할 때 표면화됐다. 몇 년 전 당시 함께 살던 남편과 나는 집을 한 채 샀다. 그도 나처럼 노동계급 출신이었다. 1년 동안 우리는 너무 많은 돈을 썼다. 이사를 왔는데 냉장고가 없었다. 우리는 몇 달 후면 현찰로 냉장고도 살 테고 그즈음이면 빚도 어느 정도 갚으리라 예상했다. 노동계급의 친구들과 가족들은 몇 달이나 냉장고가 없이 지내면 힘들 것이라고 말했다. 큰돈을 다시 쓰기 전에 가정 경제 상황을 안정시키려는 우리의 결정을 그들은 이해하지 못했다. 비슷한 경우로, 우리 가족은 우리가 쓸데없는 빚을 늘리지 않으려고 몇 년이나 차를 바꾸지 않는 것도 쉽게 수긍하지 못했다.

계급의 경계를 넘어서는 것, 즉 특권계급의 세상으로 들어가자 나를 키워준 분들에게 배운 것과는 다른 돈에 대한 태도를 배울 수 있었다. 특권계급 사람들은 돈 관리법에 관한 정보를 훨씬 많이 알았다. 이 지식을 계급 특권이 없는 사람들과 공유한다면 이들도 자기 경제생활을 좀더 의미 있게 운용하는 법을 익히는 셈이 된다. 돈에 관한 자기계발서를 접하며 가계부를 작성하는 습관, 내 지출 내용을 파악해두는 습관이 얼마나 중요한지 깨우쳤다. 이 내용을 경제적으로 어려운 친구들에게 알려주었더니 그들은 이를 자기

랑 관계 없는 지식이라고 여겼다. 내 자매 한 명은 당시 복지 수당으로 생활하는 처지였는데, 가계부를 써봐야 무슨 소용이냐고 반응했다. 자매는 그럴 만한 돈이 없다고 생각했다. 나는 자매에게 담배를 피우지 않느냐며 그건 돈이 아니냐고 대꾸했다. 한 달에 10달러를 쓰든 50달러를 쓰든 500달러를 쓰든 지출 내용을 정확하게 파악하는 것이 중요했다. 어디에 돈을 쓰는지 파악해 금액에 상관없이 예산을 짜면 힘이 생긴다. 경제적으로 주체성이 생기고 경제적으로 자립하는 기반이 마련된다.

가난한 노동계급에서 태어나 특권계급으로 진입한 사람이 그러하듯이, 나도 단순히 자원이 아니라 내 인생을 다양한 계급의 사람들과 공유하고 싶다. 사실 다양한 계급 경험을 하나로 모으는 것보다 자원을 공유하는 편이 더 쉬울 때가 많다. 계급을 뛰어넘으면 에티켓과 가치관, 생활방식에서 충돌이 발생하기 마련이다. 내가 무슨 일을 하는지 가족에게 직접 알리고 싶어서 강연하는 콘퍼런스에 가족을 초대하기도 한다. 한번은 내 초대로 콘퍼런스에 온 막내 여동생이 내게 무례하게 행동했다. 당시 동생은 주정부의 지원금으로만 생활하는 싱글맘이었는데 열심히 일자리를 알아보았지만 좀처럼 일을 못 구하자 실의에 빠져 닥쳐올 날을 두려워하고 있었다. 나는 그 자리에 참석한 학자들과 지인들 앞에서 동생이 현실을 똑바로 직시하도록 지적했다. 이

일로 동생은 상처를 받았다. 어려운 전문용어를 동원하며 반박하지는 않았지만, 결국 동생은 계급 권력으로 무장한 내게 무시당한다고 느꼈을 것이다.

내 비판이 정당하다고 생각했지만, 그런 이야기를 하기에 적당한 때가 아니었음은 인정했다. 나는 우리 모두가 긴장과 혼란의 순간에 잘 대처해갈 성숙한 어른이라고 전제를 깔아두고 행동했다. 계급 차이를 바라보는 관점에서 발생하는 복잡한 역학관계를 간과한 것이다. 나의 계급 권력과 지위에 도취되지 않으려고 애를 썼기에 내가 타인을 주눅들게 만들 수 있다는 사실을 쉽게 잊었다. 남동생의 경우 자신의 계급에 대한 불만을 무척 솔직하게 털어놓았기에, 우리는 계급 문제에 대해 가장 생산적이면서도 개인적인 논쟁을 자주 벌였다. 동생은 길었던 실직 기간과 그때 진 빚 때문에 열심히 일해도 좀처럼 경제적 안정을 이루기 어려웠다. 동생은 나의 계급적 지위에 대해서 공공연히 토로했고 그럴 때마다 우리는 허심탄회하게 이야기를 나누었다. 우리의 연대를, 우리의 유대감을 유지하려면 노력하는 수밖에 없다. 노동계급 출신으로 형제가 비슷하게 버는 친구들은 유대관계를 유지하려고 일부러 노력할 필요가 없었다.

빈곤층이나 노동계급을 벗어난 사람 중에는 가족과의 유대가 끊어질까봐 계급 지위를 바꾸려는 노력을 멈추는 경우가 많다. 학업 문제에 있어서 그렇게 결정하는 유색인종을 많이 보았다. 어릴 때 다닌 흑인 학교에서는 공부를 열심히 하는 게 우리 인종의 자랑거리였다. 하지만 계급 면에서도 그렇다고는 생각하지 못했다. 지금은 상황이 바뀌었다. 초중고를 막론하고 노동계급 출신의 학생들은 친구나 가족과의 유대를 잃을까 노심초사한다. 그리고 그런 두려움이 때로는 자포자기로 이어진다. 이런 비생산적인 패턴을 깨기 위해 노동계급과 빈곤층도 공부를 열심히 해서 경제적으로 성공해도 원래 나고 자란 공동체와의 유대를 계속 이어갈 수 있다고 말과 글로 더 많은 증거를 보여줘야 한다. 할리우드에서 이런 차원의 계급투쟁을 〈굿 윌 헌팅〉이라는 영화로 그렸다. 이 영화에서 노동계급인 주인공의 친구는 푸른 눈에 금발인 '천재' 주인공에게 설령 친구들과 헤어지더라도 계속 노력해서 회사도 들어가고 돈도 많이 벌라고 격려한다. 역설적이게도 주인공은 가난하고 노동계급인 친구들에게 지지를 받기 때문에 논리적으로 보면 친구들을 떠나야 할 이유가 없다. 영화는 관객에게 계급 경계를 넘어설 때 누릴 수 있는 기쁨을 보여준 후(우리의 가난한 남자 주인공은 유산 신탁을 가진 유복한 여자친구를 만난다) 돈과 지위, 계급 특권의 획득이 중요하지 친구들에 대한 신의는 아니라는 낡은 메시지를 전달하며 끝이 난다.

지적이고 때로는 눈부시게 똑똑한 수많은 흑인 청년이

감옥에서 인생을 허비한다. 왜냐하면 열심히 일하고 노력해서 인생의 바닥부터 차근차근 올라갈 생각은 않고 쉽게 돈을 벌려고 해서다. 그들은 똑똑한 머리를 보수가 변변찮거나 아예 돈을 못 받는 일거리나 제공하는 약물 산업에 착취당한다. 그들은 바깥세상에서라면 절대 안 했을 일을 최소한의 보상도 받지 못한 채 감옥에서 하면서 인생을 썩힌다. 『돈의 일곱 가지 법칙』에서 마이클 필립스는 이렇게 주장했다. "모든 범죄 동기의 약 90퍼센트는 돈이다…… 전체 수감자 중 약 80퍼센트는 돈과 관련된 범죄로 감옥에 들어왔다…… 돈은 사람들이 감옥에 가는 중요한 동기다…… 돈에 대한 열망과 그것을 축적하는 그들의 능력이 근본적으로 다르기 때문이라고 할 수도 있다. 범죄자들은 돈을 너무 갖고 싶어하기에 다른 사람은 감히 하지 않을 높은 위험을 기꺼이 감수한다." 물론 돈을 벌기 위해 열심히 노력했던 필립스는 빈곤층이나 노동계급을 예로 들어 이런 주장을 했다. 하지만 그는 빈곤층과 노동계급의 행동을 형성하는 가치관이 돈을 더 수월하게 버는 더 부유한 사람들, 보통은 백인이자 더 많은 특권을 보유한 계급 출신 사람들의 가치관이기도 하다는 사실은 간과했다. 이런 태도가 언론을 통해 서서히 확산된다. 그러다보면 참이든 거짓이든 사람들은 순순히 그렇다고 인정하게 된다.

돈에 관한 글을 쓴 사람이 흔히 그렇듯이 필립스도 경제적 불평등 문제는 회피하면서 열심히 일하면 누구나 돈을 잘 버는 것처럼 서술한다. 그러면서도 그는 빈곤층과 노동계급 대부분은 돈을 못 버는 게 아니라 돈으로 무엇을 할 수 있느냐에 대해 현실을 너무 뛰어넘는 환상을 갖는다고 인정했다. 나는 특권계급 사람들이 빈곤층과 노동계급은 열심히 일할 생각이 없다고 주장할 때마다 골치가 아팠다. 가난한 사람이 열심히 노력해서 성공한 사람을 따라야 한다는 흑인 엘리트의 말을 들으면 분노가 치밀어오른다. 문제는 노동계급의 가난한 사람은 열심히 일을 해서 돈을 벌어도 경제적으로 자립하기에는 부족하다는 데 있다. 그들의 경제적 자립을 방해하는 가장 큰 걸림돌이 열심히 일하면 원하는 것을 전부 손에 넣을 수 있다는 환상이다.

계급 이동을 경험하면서, 내가 아는 수많은 빈곤층과 노동계급 사람들이 돈의 힘에 대해, 돈으로 무엇을 할 수 있는지에 대해 환상을 펴느라 엄청난 시간을 허비한다는 사실을 알게 됐다. 중산층에게도 해당되는 얘기긴 하나 이러한 돈에 대한 환상이 끼치는 부정적 영향은 소외계층에게 더 두드러진다. 돈으로 물건을 사들이는 환상에 집착하면, 정신적인 욕망에 빠져들 뿐만 아니라 자신이 처한 경제적 상황을 현실적으로 직시하지 못하거나 자신이 사는 세상에 건설적으로 대응하기 위해 시간과 노력을 들이지 못한다. 가난하다고 해서 독서 모임, 공부 모임이나 의식화 모임을 꾸릴 수 없는 것은 아니다. 망상에 빠져 있는 그 시간이야말로 화사한 색깔의 페인트를 사서(물론 돈이 있어야겠지만) 낡은 가구를 다시 칠하거나 그도 아니면 청소라도 하기에 제격인 시간이다.

일확천금의 욕망에 사로잡힌 똑똑한 두 흑인 청년의 예를 인용하면서 필립스는 이렇게 썼다. "두 사람은 무척 영특하고 성격도 좋아서 평범한 일을 했다면 무슨 일을 하든 돈을 잘 벌었을 것이다. 하지만 그들은 조금만 더 기다렸다면 더 많은 돈을 벌 수 있었다는 사실을 깨닫지 못하고 돈이 갖고 싶으면 즉각 손에 넣고 싶어했다. …… 이 영특하고, 매력적이고, 능력 있는 두 젊은이의 예를 통해 이들은 자신에게 무엇이 '필요한지'에 대해 완전히 뒤틀린 시각을 가졌으므로 이 사회에서 제 역할을 할 방법이 없었다는 중요한 교훈을 얻었다. 그들이 현실 감각을 조금만 수정했더라면 이 사회에 쓸모 있는 인재로 성공했을 것이다." 평범한 사업 분야에서 자행되는 인종차별을 고려할 때 필립스에게는 그렇게 쉬워 보이는 성공이 과연 두 젊은이에게도 그랬을지는 의문이지만, 그렇다고 해서 그들이 범죄를 저지를 필요도 없다. 일확천금의 환상이 그들을 타락의 길로 이끌었다.

슬프게도, 노동계급과 빈곤층은 이 사회에서 돈을 쉽게 벌기가 얼마나 어려운지를 누구보다 잘 안다. 하지만 쉬운

돈벌이에 대한 환상과 쾌락적인 소비지상주의 때문에 많은 사람의 현실이 뒤틀어졌다. 다양한 계급의 사람들이 허심탄회하게 대화하다보면 돈으로 무엇을 할 수 있고 무엇을 할 수 없는지 돈의 한계를 좀더 현실적으로 생각해볼 수 있을 것이다. 당신이 계급 사다리 제일 아래 칸에서 시작한다면, 돈을 벌기 위한 투쟁, 즉 자신의 계급 지위를 바꾸기 위해 투쟁을 할 때와 마찬가지로 이런 대화를 하는 데도 용기가 필요하다. 계급과 돈에 관해 허심탄회하게 터놓으려는 의지가 계급 엘리트주의에 도전하고 이를 변화시키려는 저항의 첫발일 것이다.

14장

# 계급제도 없는 삶

대부분의 미국인은 계급 차이, 계급 착취의 현실을 인정하지 않으며 미국이 계급 없는 나라라고 계속 믿는다. 즉 미국인들은 사람이 각자 다른 계급 지위를 차지하지 않는다고 믿는 게 아니라 계급 지위가 고정되어 있지 않다고 믿는다. 심각한 불평등하에서, 이 사회의 경제적 계급제도의 최하층에서 태어난 사람이라면 계급 지위를 도저히 바꿀 수 없게 가로막는 각종 장애물이 존재함에도 불구하고 밑바닥부터 힘차게 위로 올라가는 사람이 극히 소수 존재하는 것도 사실이다. 그리고 그런 사람들은 스스로를 운이 좋다고, 행운아라고, 축복받았다고 생각한다. 하지만 이 책의 첫 페이지부터 지금까지 사람들이 계급을 향상하기 위해 어떤 대가를 치르는지 솔직하게 알리려고, 밑바닥에서 정상 부근까지 올라간 사람이 어떤 기쁨과 고통을 느끼는지 제대로 알려주려고 노력했다.

지난 10년간 내가 번 돈은 나를 상위계급 사람으로 만들어주었다. 내가 속한 계급 권력이 주는 편리를 종종 이용하긴 했으나 나는 진심으로 이 계급에 동조하지는 않는다. 나는 민주적 사회주의를, 즉 자본주의 체제 내에서 계급제도에 도전하고 이를 바꾸려고 노력하는 참여 경제의 이상을 추구한다. 나를 상류계급으로 만들어준 돈이 부의 재분배를 위해 쓰일 수 있으며, 그 돈으로 나눔과 공유를 실천함으로써 타인의 경제적 행복을 돕는다는 게 좋다.

불평등과 인종차별 철폐, 젠더, 계급 착취에 관해 책을 여러 권 썼지만, 계급 문제에 온전히 집중한 건 이 책이 유일하다. 지금까지 책을 쓰면서 이번만큼 극심한 고통을 사무치게 느낀 적이 없었다. 그래서 책을 쓰다가 그대로 엎드려 아픈 가슴을 안고 흐느껴 울기도 했다. 지금은 특권계급에 속해 있지만 내 인생의 대부분을 빈곤층과 노동계급의 일원으로서 보냈다. 대학원을 졸업하고 경제적 사다리를 오르는 내내, 내가 태어난 가족은 물론 가난한 시민들, 분투하는 사람들과 계급적으로 연결되어 있고 그들과 하나라는 느낌을 잃지 않았다. 그랬기 때문에 이들의 계급으로 인한 고통과 열망은 물론이고 가난하고 노동계급인 수많은 사람이 충분히 벌지 못해서, 더 많이 벌지 못해서, 경제적 삶을 효과적으로 개선할 수 없어서 느끼는 계급적 패배감으로 인한 깊은 슬픔에 항상 깨어 있을 수 있었다.

가끔 강연을 하다가 우리 가족이 한동안 전기나 전화도 없이 풍족함을 누리지 못하고 가난하게 산다고 말하면 청중 가운데 누군가는 나만 특권을 누린다며 나를 공격했다. 한 사람이 벌어서 가족을 도와봤자 결코 충분하지 않다고, 빈곤층과 노동계급 사람들의 딜레마는 단지 경제 문제만 존재하는 게 아니며 계급 문제는 돈 문제를 뛰어넘는다고 굳이 설명하지 않았다. 나는 가족에게 돈을 부쳐줄 수 있다. 하지만 돈은 항상 부족하다. 그렇다고 그들의 정신 상태를 즉시 뜯어고칠 수도 없다. 많이 소비하고 조금만 감사하라고, 최대한 많이 움켜쥐고 조금만 내놓으라고(이게 바로 사기다) 사회화하는 소비자 자본주의의 각인은 지우고 싶다고 해서 지워지는 게 아니다. 사람들이 돈을 벌고 가진 것을 나누는 방법에 대한 생각을 바꾸지 않는 한, 계급 억압과 착취가 벌어지는 현실을 바꿀 수 없음은 자명하다. 계급은 돈 이상의 것이다. 우리가 이 사실을 이해할 때까지, 우리 삶의 모든 문제가, 특히 빈곤층과 가난한 사람이 겪는 문제가 돈으로 해결될 수 있다는 믿음이 계속해서 약탈적인 지배계급의 이익에 봉사하는 상황에서 권력을 쥐지 않은 그외 우리는 계급을 초월해 의미 있는 변화를 만들기 위해 노력하는 수밖에 없다.

이 책을 통해 돈이 충분치 않아서 기본적인 생활을 할 수 없는 혹은 풍족하게 살 수 없는 고통을 겪는다는 걸, 즉 커가는 빈부격차가 경제적 고통 이상의 고통을 일으킨다는 걸 알리고 싶었다. 그 고통이 우리를 정신적으로 피폐하게 만들고 갈기갈기 찢어놓고, 공동체와 상호의존의 필요성을 인정할 때 비로소 찾을 수 있는 행복감을 부정하도록 만든다고 알리고 싶었다. 가진 자와 조금 가진 자와 아무것도 없는 자 사이의 엄청난 차이를 생각해보면, 어떻게 시민들이 이 나라에 계급이 없다고 생각하는지 이해가 잘 되지 않는다. 계급 없는 사회라는 이상이 아무리 왜곡되어 있어도 부는 공유될 수 있으며 가장 많이 가진 사람이 나머지 다수를 지배해야 한다는 가정에 입각한 계급제도는 존재해서 안 된다는 긍정적 이해도 이러한 이상에 담겨 있다.

안타깝게도 다국적 백인우월주의 자본주의 가부장제에서 비롯된 심각한 불평등은, 즉 커가는 빈부격차는 경제적 특권을 가진 이가 자신의 계급을 되돌아보고, 돈으로 무엇을 할 수 있는지 생각하게 만드는 촉매 역할을 했다. 경제적 특권을 가진 사람 가운데 이웃을 억압하고, 착취하고, 인격을 훼손하면서까지 돈을 쓰거나 벌고 싶지 않다는 사람도 많다. 이들 중 부자는 소수이지만(남을 착취하지 않으면서 부를 축적하기란 어렵다) 대다수는 그들이나 우리에게 뭐든 자원을 공유하는 (나도 이 범주에 속한다) 계급 특권을 가진다.

우리 중에 진보적인 사람들, 민주적 사회주의자들은 다른 계급을 억압하고 착취하는 현실에 저항하고 그 현실을 뜯어고쳐야 부가 재분배된다는 사실을 잘 안다. 각자의 자리에서 우리는 조직적이든 아니든 가진 자원을 공유하고 나눠주는 노력을 함으로써 부의 재분배 과정을 촉진하고 계속 이어나간다. 『로빈 후드가 옳았다—내 돈을 사회 변화에 쓰는 안내서*Robin Hood Was Right: A Guide to Giving Your Money for Social Change*』라는 책을 공동 집필한 조앤 가너와 척 콜린스, 팸 로저스는 이 책의 서문에서 이렇게 주장했다. "더 많은 인간성을 끌어모으기 위해 자원의 균형을 깨는 일은 위험하면서도 스릴 넘치기도 하지만 그만큼 가치 있다. 자선은 좋은 일이지만 사회 변화를 지지하고 유발하는 건 힘의 문제다. 힘으로 사람들의 삶에 목적과 위엄을 불어넣을 수 있다. 그렇게 되면 기쁨의 기회가 열린다. 도움을 받는 사람뿐만 아니라 주는 사람의 삶도 달라진다." 자신의 지배 권력을 강화하는 방식으로 베푸는 막대한 부를 가진 사람보다 그리 부유하지 않은 사람이 도움이 필요한 사람에게 가진 것을 더 많이 내놓는다. 이들의 기부는 부의 재분배나 계급제도의 타파가 목적이 아니다.

경제적인 특권을 가진 다수의 진보적인 사람이 진심으로 계급 착취와 압제를 반대하며 계급 엘리트주의에 도전하고 이를 변화시키기 위해 적극적으로 나선다. 우리의 활동이 하나의 기치 아래 모두 모여 조직적으로 진행되지 않으므로 현상 유지를 바라는 주류문화는 종종 우리의 활동이 아예 존재하지 않는 척한다. 진보냐 아니냐를 떠나 경제적 특권을 가진 많은 사람이 소비자 자본주의에 대해, 즉 이런 풍조가 조장하는 탐욕의 윤리와 이런 풍조로 챙길 수 있는 보상을 향한 집착 모두에 대해 비판적으로 의문을 제기했다. 인종, 계급, 젠더와 성적 취향을 막론하고 모두가 소유에 집착한다. 공립학교에서 근무하는 동안 정의에 대해 학생들과 의견을 나누고 학생들을 가르치면서 소수 정원인 비싼 사립학교이건 학생들로 북적이는 학교건 간에 학생들은 모두 똑같이 부를 열망한다는 사실을 깨달았다. 아이들은 이미 지배계급의 가치에 동화되었으므로 소유에 집착한다. 그러므로 아이들을 새로운 소비자로, 새로운 시장으로 여기는 것도 그리 놀랍지 않다. 그 결과 2000년 말 아이들은 5천억 달러가 넘는 돈을 썼다. 어른들처럼 이 아이들도 부에 대한 갈망을 백인우월주의 자본주의 가부장제를 무비판적으로 수용하고 지지하는 태도와 연결짓지 않는다. 이들은 그저 '행복한 삶'을 갈망할 뿐이고 그런 삶을 돈으로 살 수 있다고 믿을 뿐이다.

하지만 경제적 특권이 반드시 행복한 삶을 선사하는 건 아니라고 입을 모으는 사람도 점점 늘고 있다. 수많은 자기

계발서와 뉴에이지 관련 서적을 보면, 특권을 가진 사람에게 돈과의 관계에 눈을 뜨라고 격려한다. 조 도밍후에즈와 비키 로빈이 쓴 『부의 주인은 누구인가』류의 책을 읽다보면 막대한 부를 축적하기 위해 인간적인 면에서 어떤 대가를 치러야 하는지 깨닫게 된다. 신기술 분야에서 성공해 마흔 전에 막대한 부를 쌓은 사람 중 대다수는 그 부를 일구고, 유지하고, 불리기 위해 장시간 일만 해야 함을 입증하는 예이다. 그들보다 먼저 부나 과도한 경제적 특권을 얻은 사람들처럼, 그들도 일이 아닌 다른 것을 하려고 시간을 만들면 그 시간을 공허해하거나 소유의 문화 말고는 아는 게 없다는 사실을 깨닫고 결국 개인적인 삶을 경제적 삶의 연장으로 만들어버린다.

사회치료사인 프레드 뉴먼은 자신의 저서 『개발합시다 *Let's Develop*』에서 소유의 문화로 인해 많은 사람이 "궁핍하고, 감정적으로 결핍되고, 미성숙한" 상태가 되는 현실에 주목하라고 얘기했다. 그는 소유가 반드시 비도덕적인 건 아니지만 "콜레스테롤처럼 삶의 여러 상황에서 감정 건강에 아주 해롭다"고 주장했다. 소유의 문화에 맞서는 유일한 방법은 나눔이다. 뉴먼은 자신의 설득력 있는 통찰력을 우리와 함께 나눈다. "매일 접하는 성차별과 인종차별 같은 각종 '주의ism'는 우리의 경제와 정치가 어떻게 조직되었는지 보여주는 증거이자 소유문화의 부산물이다. 새로운 감정문화가 부재하다면 소유의 문화가 우리에게 도움이 되리라는 희망을 찾기가 힘들어 보인다." 사실, 감정적 행복에 관한 관심이나 매일 접하는 인종차별과 성차별, 동성애혐오에 관한 관심 때문에 계급 정치에 의문을 제기하고, 자본주의와 돈이, 나눔과 자신이 어떤 관계를 맺는지 되돌아보게 된다. 인종차별과 성차별을 큰 목소리로 비판하면서도 계급에 대해서는 함구하는 것은 우연이 아니다. 계급 문제는 부의 유무를 떠나 삶의 모든 부분과 관련되기 때문이다. 아무 특권도 없이, 그저 소유를 갈망하는 사람은 계급엘리트주의를 비판적으로 보려 하지 않고, 다른 사람의 손실로 자신의 이익을 지키려는 특권계급은 계급제도를 철폐하자는 이야기를 꺼내지 않도록 조심한다.

다국적 백인우월주의 자본주의 가부장제를 내가 투쟁해야 할 지배체제의 기준으로 제시한다면, 그때 가장 강력한 도전을 불러일으키는 대상은 계급 정치이다. 인종과 젠더 문제에 관해서라면 내 자리는 피해자들 사이일 것이다. 하지만 계급에 관해서라면 어디에 설지 선택할 수 있다. 경제적인 특권을 지니고도 경제적 부당함에 대해 수많은 사람이 침묵하는데 이들은 자신이 어디에 서 있는지 추궁하고 싶지 않기 때문에 입을 다문다. 안타깝게도 그들 대부분이 위선자의 땅에 서 있다. 인종차별이나 성차별 혹은 그 모두에 저항할 때 이 체제가 경제적 착취 구조이며 이러한 구조를 유지하는 데 모두가 힘을 보탠다는 사실을 직시하지 않으면, 이 체제에 아무리 미미하게 이바지했다 해도 결국 모두를 위한 정의라는 이상을 배신하는 셈이다. 이런 위선적 행동을 특권계급 출신의 서구 여권 운동자들(대부분 백인 여성이다)이 공공연하게 저질렀는데, 이들은 여성에 대한 남성의 성적 착취를 개탄하면서 정작 자신들은 자국과 외국에서 제대로 월급도 못 받고 일하는 (특권계급 여성을 자유로운 전문직 여성으로 '해방하는' 노동을 하는) 유색인종 여성의 현실을 묵과하거나 복지 정책 철폐를 지지하기도 했다. 다국적 기업의 자본주의 의제는 젠더화되고 인종차별적이게 된다.

서구 여성이 누리는 자유는 다른 어딘가의 여성이 노예처럼 일한 대가인 경우가 허다하다. 이 사실을 부인하면 우리 삶을 지배하는 자국의 자본주의 체제와 전 세계 자본과의 관계를 부정하는 꼴이다. 인류의 반은 여성이고 지구상에서 가장 가난한 이가 세계 노동 중 삼분의 이를 담당하지만 전체 소득 중 십분의 일을 받고 지구 전체의 재산 중 백분의 일도 안 되게 소유한다는 사실을 기억할 때 인종과 계급과 젠더의 상호연결성을 더 정확하게 직시할 수 있다. 초기 페미니즘 운동에서 혁명적 페미니즘 사상가들은 경제력이 자유와 동의어라는 개혁주의적 주장을 강하게 비판했다.

『페미니즘-주변에서 중심으로』에서 나는 유급 노동이 여성을 해방했다는 주장을 비판하면서 부르주아 백인 여자들이 일을 해방이라고 말할 때 그들이 염두에 둔 것은 경력이었다고 지적했다. 최근 들어 경제적 특권을 누리는 이 여자들 대다수가 경쟁적인 경력지상주의를 포기했는데, 경력 때문에 그들이 결코 '해방'되지도 삶의 균형을 찾지도 못했기 때문이다. 부유한 남자들처럼 그들도 무엇보다 일을 우선시했다. 우리는 일을 너무 많이 해서 의미 있는 시간을 갖지 못할 때 소비로 과도하게 자신에게 보상하려 한다. 그래서 요즘 아동과 십대가 새로운 소비자로 부상한 것이다. 정서적으로 완전히 성숙하지 못하고 시간이 부족한 부모가 진정한 관심과 애정 대신 경제적 보상을 아이들에게 안겨주기 때문이다.

페미니스트 사상가인 줄리 매시는 가장 최근에 발표한 글에서 경쟁적인 경력 지상주의에 대한 페미니즘의 비판을 옹호했다. 「스스로 치유하고 경제를 치유하기 – 유급 노동과 무급 노동, 페미니즘 경제 변화의 다음 단계Healing Ourselves, Healing Our Economic: Paid Work, Unpaid Work, and the Next Stage of Feminist Economic Transformation」에서 줄리는 노동에 대한 페미니즘적 사고가 어떻게 순차적으로 변화했는지 살핀다. 그녀는 보살핌의 관계 윤리를 공론화하는 여성의 움직임이 무척 희망적이라고 보았다. 사회적으로 책임 있는 소비와 투자를 요구하기 때문이다. "이런 운동은 사람들에게 구매력과 투자를 활용해 기업이 사회적으로 책임 있게 행동하도록 압력을 넣으라고 촉구한다. 예를 들어 '그린' 기업(환경친화적 기업), 가족 친화적, 페미니즘 친화적 기업을 지원하고 인종차별 철폐에 찬성하고, 군수물자나 담배, 술을 생산하지 않으며, 노동자가 소유한 기업을 지지하도록 말이다. 이런 운동을 통해 소비자와 투자자는 단순히 비용 최소화나 이윤 극대화보다 더 다양한 기준을 적용해 사회적으로 책임 있는 기업가 정신을 키우는 운동을 지지할 수 있다." 매시는 이런 선택이야말로 '안전하고, 지속가능하고, 건강하고, 공정한 경제와 사회에 대한 진정한 자기 이익을' 지지하는 셈이라고 주장한다.

억압적인 계급제도를 철폐하기 위해 우리는 비딱하게 생각할 줄 알아야 한다. 불필요한 소비지상주의에 저항하고, 간소하게 살고, 가진 것을 넉넉하게 나누는 삶은 궁극적으로 균형을 만들 경제적 전환을 시작하는 가장 손쉬운 방법이다. 모든 이가 생활임금을 받는 일감 나누기는 실업 문제를 해결하는 데 주효하며, 여자든 남자든 간에 양육자가 자기 역할을 제대로 할 수 있는 긍정적인 가정 환경을 조성하는 데 더 많은 시간을 쏟아야만 한다는 문제도 해결해줄 수 있을 것이다. 세금을 교육비와 군비 중 어디에 쓸지 혹은 빈곤층과 소외계층에 대한 지원과 군비 중 어디에 쓸지 우리가 원하는 방향으로 사용되도록 투표권을 행사할 수 있는 선거 정치를 만들 수도 있다. 자신의 세금으로 부를 재분배하는 제도를 정비한다면 환영할 사람이 이 나라에는 많다. 가난한 가구를 경제적으로 지원해주고 그만큼의 돈을 세금에서 공제해주는 프로그램을 만들어 이웃과 타인을 돕고 돌보는 풍습과 상호의존성을 장려할 수 있다. 어이없게도 외국의 빈민에게 기부한 돈은 세금 공제가 되지만 이 나라에 사는 경제적으로 절실한 사람에게 기부한 돈은 그렇지 않다.

중하위층이 점점 경제적으로 어려워져 집을 구하기가 힘들어진다면 안전하고 저렴한 주택에 대한 요구가 조만간 미국을 떠들썩하게 만들 사회 문제로 떠오를 것이다. 그렇게 되면 그들은 무주택자인 소외계층과 힘을 모아 자신들이 거주할 저렴한 주택을 공급하라고 요구할 것이다. 진보 성향의 부자들은 토지를 사들여 저렴한 주택뿐만 아니라 모두의 행복을 키울 민주적 원칙이라는 토대에 세운 다양한 공동체의 건설까지 고려할지도 모른다. 이런 공동체가 전국을 뒤덮는 날이 올 때까지는 공동체주의가 작동한다는 증거를, 국가와 공존하는 민주적인 지방정부가 사람들의 삶의 질을 높일 수 있다는 증거를 갖지 못할 것이다. 바로 지금이 모두 나서서 우리의 경제적 미래를 재정비해야 할 때다. 계급 문제를 다시 생각하고, 지금 우리가 어디에 서 있는지 확인할 때다.

이 책의 첫머리에서 어려운 경제용어를 몰라서 계급 문

제를 의미 있게 전달할 수 있을까 걱정이라고 말했다. 그러나 다른 사람들처럼 내가 계급에 침묵하면 나 또한 결국 부당한 경제적 관행에 결탁하고, 묵인하고 참여하는 것이며 고의는 아니지만 결국은 계급 엘리트주의를 지지하는 꼴이 될 것이다. 지금껏 만나온 사람들, 전국을 돌며 강연장에서 만난 수많은 낯선 사람들은 계급의 경계를 넘나들며 다양한 계급을 경험한 사람의 이야기를 궁금해했다. 약한 자를 억압하고 착취하는 계급제도를 종식할 방법을 찾도록 우리를 이끄는 것이 바로 이러한 바람이다. 앞서 말했듯이 계급의 경계를 넘어서는 일은 설령 가족과 친척의 계급적 배경이 다양하다고 해도 결코 단순한 여정이 아니다.

농사를 지으며 모든 것을 자급자족한 가난한 외조부모님과 근면을 자랑으로 여긴 노동계급 부모님 밑에서 태어나 이 나라에서 자라서 감사하다. 그분들은 돈을 받든 안 받든 노동을 귀히 여기라고, 가난한 사람을 사랑하라고, 그들이 가르쳐주는 생존의 방법을 귀담아들으라고 가르쳤다. 그분들에게 가난이 결코 부끄러운 일이 아니라고, 누군가의 존엄성과 정직성을 절대 돈과 시장가치로 결정할 수 없다고 배웠다. 우리 주변의 가난한 이를 사랑하고 그들이 지닌 진정한 선함과 인간성에 눈을 뜨면 계급제도를 허물어뜨리는 강력한 도전이 될 것이다. 소작인이자 농부인 외조부님과 가정부와 관리인인 부모님에게 계급과 부를 과시하는 겉치장을 꿰뚫고 내면의 자아를 바라보는 법을 배우지 않았더라면 나 자신과 타인의 진정한 가치를 깨닫지 못했을 것이다. 백인우월주의 자본주의 가부장제가 뿌리내린 남부에서 노예로, 계약 노동자로 혹독한 노동을 경험하면서 체득한 그분들의 지혜를 배운 덕분에 내가 지금 어디에 서 있는지도, 얼마나 단단하게 발을 딛고 서 있는지도 깨달았다.

앞으로도 노동하는 사람과, 아니 돈이 우리의 행복을 강화해주는 만큼만 쓸모가 있다고 믿는 사람과 계급을 불문하고 늘 연대하고 협력할 것이다. 부의 재분배가 이뤄지는 날을, 누구나 충만하고 행복한 삶을 살 만큼 소유하는 세상을 위해 그리고 경제 정의를 위해 만국의 노동자가 또다시 하나로 똘똘 뭉치는 그날이 반드시 올 것이다.

해제

# 어디에서 누구와 함께할 것인가. 페미니스트로서 우리는.

권김현영(여성주의 연구활동가)

## 계급에 대해 말하기 어려운 시대

페미니즘이 '백인 이성애자 중산층 여성들의 전유물'이라는 말은 페미니즘을 비판하는 전형적인 관용어구처럼 사용되었다. 이런 식의 비판은 크게 두 가지 방향에서 날아왔다. 한쪽은 구좌파들에 의해서였다. 이들은 페미니스트가 계급의식이 없다고 비판했으나 자신들 내부의 남성중심성을 그대로 둔 채로 던지는 비판은 무딘 칼날이 되어 페미니즘에 대한 적대감만 고조시킬 뿐이었다. 또다른 비판은 페미니즘 내부로부터 왔다. 페미니즘이 결코 백인 이성애자 중산층 여성들의 전유물에 그쳐서는 안 된다는 내부 비판은 뜨거운 응답으로 돌아왔다. 유색인종 페미니즘, 사회주의 페미니즘, 탈식민주의 페미니즘, 돌봄 페미니즘, 트랜스 페미니즘, 퀴어 페미니즘 등은 이러한 비판이 만들어낸 결과였고 페미니즘의 사상과 실천의 갈래는 더욱 풍요로워졌다.

그럼에도 불구하고 계급에 대해 말하는 게 점점 더 어려워진다는 것은 '사실'이다. 페미니즘 안과 밖에서 모두 그렇다. 계급에 대해서 말하기가 왜 이렇게 어려워졌을까. 신분제 폐지 이후 계급의 이동가능성은 바로 인간이 잠재적으로 동등하다는 사실을 알려주는 중요한 지표였다. 하지만 자본주의가 고도로 발달하고 양극화가 심화되면서 계급 간 격차는 '인종화racialize'되기 시작했고, 신자유주의 체제는 개인의 노력을 앞세우고 일부의 성공을 과대평가하면서 구조적 차별이 현존한다는 사실 자체를 부인했다. 가난한 사람들의 입은 더욱 굳게 닫혔다. 가난하다는 사실은 노력의 부족이나 판단의 부족을 의미했고, 차별에 대한 고발은 더이상 용감한 행동이 아니라 공공의 경멸을 받는 일이 되었다. 심지어 가난한 이들이 결혼해서 아이를 낳으려고 하는 것조차 아이의 미래를 배려하지 않는 탐욕의 증거로 제출되었다. 가난한 사람들이 일상적으로 모욕을 당하고, 부유함을 과시하는 게 멋있는 일로 취급되는 자본주의 사회에서 계급에 대한 이야기를 다시 꺼내도록 하는 방법은 무엇일까.

언젠가부터 사람들은 계급에 대한 이야기 대신 세대에 대해 이야기했고, 세대에 대한 이야기는 특정 성별로만 드러났다. 마치 단 하나의 공도 제대로 받아내지 못하는 형편없는 저글링처럼 계급이 중요하게 이야기되어야 하는 순간에 젠더가 부각되었고, 세대와 젠더에 따른 차이를 고려하지 않고 계급이 이야기되었다. 계급의식 없는 페미니스트가 되고 싶지는 않았지만, 여성의 몸은 때로는 생산수단으로 사용되고 때로는 가족이데올로기가 수행되는 장소 그 자체가 되었으므로 '여성이라는 계급'에 대한 이해 없이 계급에 대해 말할 수도 없었다. 이 혼란에 대해 처음으로 언어를 제공해준 것이 바로 이 책 『당신의 자리는 어디입니까』다. 벨 훅스는 노동계급에서 태어나 중산층으로 이동했으나 결코 그 문화에 완전히 수용되지 못한 흑인 여성으로서의 삶을 바탕으로, 인종과 젠더를 지우지 않으면서도 계급에 대해 생각하고 말하는 '방법'에 대한 저간의 고민을 들려준다.

## 계급에 대해 말하는 법

이 책은 벨 훅스의 저작 중 가장 '에세이'에 가깝다. 이런 형식을 선택한 건 이 책의 목표가 계급에 대해 다시 사람들의 입을 여는 데 있기 때문이다. 벨 훅스는 사상과 실천, 경험과 이론에 대한 분업을 거부하는 글쓰기를 한다. 자신이 살면서 경험했던 것을 드러내는 데 주저함이 없는 벨 훅스의 글쓰기가, 자신의 경험을 배치하고 서사화하는 방식이, 그 자체로 방법론이자 이론이 될 수 있는 이유는, 경험 자체가 그대로 이론이 될 수는 없지만 '경험이 놓인 위치'를 드러내는 것은 중요한 이론적 기획이 될 수 있기 때문다(이 책의 원제는 '우리가 서 있는 자리Where We Stand'이다). 벨 훅스는 기존의 계급 이론으로는 노동계급 유색인종 여성의 삶이 설명될 수 없기 때문에 마르크스주의 정치경제학의 용어도 자본주의 주류 경제학의 개념도 사용하지 않는다. 다만 각자 자신이 선 자리에서 겪은 모순적인 계급 문제를 보다 쉽게 꺼내서 이야기할 수 있는 용기를 준다.

벨 훅스는 이 책에서 내내 하층계급 여성들에게 일은 해방이 아니라 굴레이고 결혼은 억압이 아니라 때로는 탈출이라고 강조한다. 여성의 사회 진출이 곧 여성의 해방이라는 슬로건은 하층계급 여성들의 삶과 너무나 동떨어진 이야기였다. 하층계급 여성들에게 일은 해방의 증거나 억압의 해소를 위해 내딛는 계단이 아니라 벗어날 수 없는 반강제적 노동에 가까웠다. 결혼의 의미도 계급에 따라 달라진다. 결혼제도는 예나 지금이나 계급재생산의 핵심 경로이고, 신분제가 폐지된 이후 모두가 혼인이 가능해진 것은 그 자체로 근대의 주요 변화 중 하나다. 계급재생산의 방식은 경제 사정에 따라 분화되는데, 상류층은 여전히 결혼을 가문의 이익을 증폭시킬 수 있는 거래의 수단이자 인맥관리 수단으로 사용한다면, 중산층은 결혼식이라는 매개를 통해 사적 관계망에서의 상호부조를 실현하고, 차상위계층은 신혼 초기에 경제적 안정화를 이룰 수 있도록 공적 영역에서 다양한 제도적 지원을 받는다. 이런 상황에서 하층계급 여성들에게 결혼해서 가정을 꾸리는 것은 경제적 안정을 도모하는 도약의 기회이기도 했다. 이처럼 결혼제도는 단순히 성역할 규범의 산물 이상의 '물적 토대'였으므로, 비혼 선택이 가능해지려면 경제력이 필수적인 요소로 간주되었다. 따라서 비혼이나 독신주의자가 되겠다는 여자아이들은 언제나 커다란 성취를 해야 한다는 압력을 받곤 했다. 마치 결혼과 성공이 일대일로 교환할 방법이라도 있는 것처럼, 경제적으로 충분히 자립할 만큼 성공하지 않으면 비혼을 결정할 이유가 없는 것처럼 말이다.

## N분의 일으로는 충분하지 않다

계급에 대해 말하기가 어려워진 시대에 계급에 대해 말할 방법을 모색하는 일은 그 자체로 의미가 있지만, 벨 훅스의 관심은 무엇보다도 페미니스트로서 계급에 대해 이야기를 어떻게 할 수 있을까에 있었다.

내 경험으로 돌아가보자면, 친구들이나 페미니스트 동료들과 계급에 대해서 이야기하기가 쉽지 않았다. 나는 한국의 서울 중심 중산층 문화에 노출된 채 어린 시절을 보냈고, 대학에 입학하자마자 가정 형편이 안 좋아졌기 때문에 부르주아를 배격하는 당시 운동권 문화가 잔재한 대학 시절을 죄책감 없이 보낼 수 있었다. 어떤 계급에도 소속감이 없었지만 마음만 먹으면 계층 상승이 가능할 것이라고 믿었고(이게 얼마나 큰 착각인지는 나중에야 알았다), 결혼은 아예 선택지에 두지 않았기 때문에 같이 늙어갈 친구들과의 관계가 중요했다. 하지만 친구들끼리라고 해서 문제가 없는 건 아니었다. 수평적 관계를 전제하는 모임에서 비용 부담 원칙은 항상 N분의 일이었다. 누군가가 쏘는 대신 모두가 나누어내는 N분의 일 원칙은 의심의 여지 없이 공평해 보였지만 조금만 들여다보면 전혀 그렇지 않았다. 나 역시 돈이 없으면 모임을 안 나가는 식으로 해결했는데, 돈 때문에 모임에 안 나오는 애들은 정해져 있었다. 집이 부자인 애들은 상대가 자존심이 상할까봐 혹은 자신이 호구로 취급될까봐 등등 여러 가지 이유에서 이상할 정도로 피해의식을 가졌고, 형편이 어려운 애들은 사정을 이야기하기는커녕 쿨하게 굴어야 했다. 누구 때문에 좋은 데서 밥 한번 못 먹는다는 '부자' 친구의 불만스러운 목소리는 한때는 모두의 규탄 대상이었지만 시간이 지날수록 그 불만은 은밀히 공유되었다. 당연히 이런 관계는 오래가지도 대안적이지도 않았다.

페미니스트 친구들 역시 크게 다르지는 않았다. 여러 명이 함께 셰어하우스에서 모여 살았던 적이 있다. 각자의 경제적 형편은 많이 달랐다. 따로 살면 형편없는 집에서 아무도 거실을 가질 수 없었지만 함께 모여 살면 부엌을 공유하고 거실을 나누며 더 풍요로운 주거생활을 가질 수 있을 거라고 기대했고 실제로 그 기대를 채우기에 모자람이 없었다. 나는 꽤 만족스러운 결정이었다고 생각했다.

그런데 옆에서 지켜보던 H가 왜 나만 월세를 내느냐고 궁금해했다. 나는 전세금에 보탤 만큼 목돈이 없어서 전세금 일부를 월세로 내기로 조정해 그 셰어하우스에 들어간 거라고 설명했다. H는 궁금증이 전혀 해소되지 않은 표정으로 되물었다. "너네는 왜 가장 많은 돈을 낸 사람이 가장 큰 방을 차지하는 걸 당연하다고 생각해?" (그래야 덜 억울하지 않을까?) "어차피 그 돈은 부모가 준 거라면 억울할 게 뭐 있어?" (그건 그렇지만 기회비용이란 게 있잖아.) 질문을 쏟아내던 H는 마지막으로 덧붙였다. "좀 이상해. 너희는 페미니스트잖아. 그래서 한 마디 한 마디에 민감하고 채식주의자에 대해서는 그렇게 신경을 쓰면서 각자의 경제 사정에서의 최선이 무엇인지, 그걸 어떻게 함께 나눌지에 대해서는 징직 별로 중요하게 생각하지 않는 것 같아."

H의 말대로였다. 우리는 서로의 경제 사정에 대해서 대화하는 법을 몰랐다. 민폐를 끼치지 않을 수준에서 이번달 생활비를 걱정하기는 했지만 그걸 함께 책임질 정도의 공동체가 가능할 거라는 기대 자체를 한 적이 없다. 어쩌면 벨 훅스의 말대로 '부자에게는 쉽게 면죄부가 주어졌고, 가난은 개인의 책임이라는 생각'이 우리 모두에게 너무나 당연하게 받아들여졌던 것일까.

## 가난해도 경멸당하지 않을 것이라는 믿음 속에서 살고 싶다

돈은 너무나 중요한 문제였지만 이에 대해서 다룰 언어가 없었고, 어느 누구도 자신의 가난을 나눌 수 있다고 생각하지 않았다. 모두의 마음속에 노후에 대한 불안과 공포가 자리잡았다. 한동안 페미니스트 사이에서 불필요한 소비를 줄이자는 이야기가 "그러다가 폐지 줍는 노인이 될 거"라는 공포를 자극하면서 퍼져나간 적이 있다. 소비문화에 대한 정당한 비판으로 시작된 이야기는 한끗 차이로 빈곤한 여성 노인에 대한 경멸로 이어졌다. 합리적이지 않은 소비, 그때그때의 욕망에 충실한 삶은 노후 대책을 마련해두지 않은 무책임의 결과가 아니냐는 냉소적인 반응도 줄을 이었다. 폐지 줍는 노인이 얼마나 부지런하게 노동을 하는지,

그리고 우리가 얼마나 쓰레기를 많이 배출하는 파괴적인 생활방식을 유지하는지 등에 대한 문제의식이 없는 것도 문제였지만 노후 대책을 마련하지 않았다고 해서 경멸당해 마땅한 것은 아니었는데도 이야기는 자꾸 가난에 대한 혐오로 튀었다.

벨 훅스가 빈곤층과의 연대를 강조하는 이유는 누구나 열심히 일하거나 편법을 찾아내면 간단하게 부자가 될 수 있다는 사상이 가난한 사람에 대한 경멸로 이어지기 때문이다. 우리는 가난한 사람이 가난한 이유를 어리석음과 탐욕 때문이라고 불쾌해하면서 정작 부자의 탐욕에 대해서는 침묵한다. 대부분의 부자가 노력보다 과하게 보상받았거나 노력과 무관하게 부를 축적했음에도 그들이 돈을 과시하는 건 부러워하고 빈곤층이 취미를 가지거나 저축하지 않는 상황에는 분노한다. 오해는 마시라. 분노의 대상을 다시 부자로 돌리자는 얘기가 아니다. 벨 훅스는 "돈과 탐욕의 계급 정치를 이해함으로써 돈을 쌓아두거나 나보다 가난한 사람을 마음으로 거부하지 않으면서도 경제적으로 충분히 만족할 만한 삶을 영위하게 되었다"라고 강조한다.

## 경제 사정에 대해 서로 말하는 것은 도움이 된다

성폭력과 가정폭력 피해자로서 '생존'한 친구는 지금도 월급의 절반을 상담 치료에 쓴다. "사정을 모르는 사람들은 노후 준비도 안 하고 연금저축 하나도 없는 나를 한심해하지만, 나는 항상 현재를 살 수밖에 없었어. 알아?" 나는 친구의 분노에 공감했지만 이 친구의 노후가 걱정이었다. 하지만 애인도 아니고 가족도 아닌 내가 말을 꺼내면 선을 넘었다고 생각할까봐 목 끝까지 나온 말을 삼키곤 했다. 그런데 어느 날 이 친구를 설득해서 보험도 들게 하고 저축성 투자도 하게 만든 이가 등장했다. "어떻게 했어요?"라고 물었더니 일단 자신의 경제 사정을 자세히 다 말하는 것부터 시작했다고 했다. 왜 그렇게까지 하느냐고 물었더니 "제가 아끼는 사람들이 다 잘 먹고 잘살았으면 좋겠거든요"라는 답이 돌아왔다.

벨 훅스가 이 책에서 하고 싶은 말도 궁극적으로는 비슷하다. 계급에 대해 말할 수 없는 분위기에서는 빈곤층과의 연대를 진지하게 생각할 수 없다. '빈곤층과의 연대'라는 문구만으로도 사람들은 자신의 지갑이 털릴 것이라는 위협을 느낀다. 하지만 빈곤층과 연대하자는 건 조금이라도 더 많이 가진 것을 N분의 일로 나누라는 얘기가 아니다. 빈곤층과 연대하는 고리가 늘어날수록 우리 모두는 더 연결될 수 있다. 그리고 이러한 연결은 우리 모두를 좀더 잘 먹고 잘살게 해준다. 나는 우리가 비슷한 사람들만 모여서 N분의 일을 나누고 민폐를 끼치지 않는 수준으로 지내는 것이 아니라, 나한테 정말 문제가 생겼을 때 기꺼이 짐을 나누어 들어줄 이웃이 되어 살아가기를 바란다.

지금까지는 내가 아프고 빈곤해졌을 때 생각할 수 있는 미래가 전혀 없었다. 아프고 빈곤해졌을 때 그 삶도 살 만한 삶일 수 있다고 생각해본 적이 없다. 늘 지금보다 세상이 더 나아질 거라고 믿자고, 용기를 내서 맞서 싸우자고 해왔지만, 진짜 마음속 깊은 곳에서는 한 번도 타인의 선의를, 비판적 공유지의 풍요로움을 진심으로 믿어본 적이 없었다. 왜냐하면, 그동안 계급에 대해 말하지 않았기 때문이다. 빈곤과 함께 살아갈 수도 있는 미래가 살 만한 삶일 수도 있다고 한 번도 생각해본 적이 없기 때문이다. 그래서, 지금 우리는 이 책을 읽어야 한다. 계급에 대해 말하기 위해. 페미니스트로서 타인과 함께 살아가기 위해. 빈곤층과 연대하기 위해. 그리고 미래를 살 만한 삶으로 만들기 위해.

옮긴이 **이경아**
한국외국어대학교 러시아어과를 졸업하고 동 대학 통역번역대학원에서 석사 학위를 받았다. 현재 전문 번역가로 활동중이다. 옮긴 책으로 『모두를 위한 페미니즘』 『친애하는 미시즈 버드에게』 『조심해, 독이야!』 『버드 박스』 『죽은 등산가의 호텔』 외 다수가 있다.

당신의 자리는 어디입니까

초판 인쇄 | 2023년 1월 16일
초판 발행 | 2023년 1월 30일

**지은이** 벨 훅스 | **옮긴이** 이경아

**책임편집** 임혜지 | **편집** 이희연 김진욱 박신양
**디자인** 김유진 이주영 | **저작권** 박지영 형소진 이영은 김하림
**마케팅** 정민호 이숙재 박치우 한민아 이민경 안남영 왕지경 김수현 정경주 김혜원
**브랜딩** 함유지 함근아 김희숙 고보미 박민재 박진희 정승민
**제작** 강신은 김동욱 임현식 | **제작처** 천광인쇄사

**펴낸곳** (주)문학동네 | **펴낸이** 김소영
**출판등록** 1993년 10월 22일 제2003-000045호
**주소** 10881 경기도 파주시 회동길 210
**전자우편** editor@munhak.com | **대표전화** 031)955-8888 | **팩스** 031)955-8855
**문의전화** 031)955-3578(마케팅), 031)955-2672(편집)
**문학동네카페** http://cafe.naver.com/mhdn
**인스타그램** @munhakdongne | **트위터** @munhakdongne
**북클럽문학동네** http://bookclubmunhak.com

ISBN 978-89-546-8995-3 03300

* 잘못된 책은 구입하신 서점에서 교환해드립니다. 기타 교환 문의: 031) 955-2661, 3580

www.munhak.com